Hugo Wiener: Krokodile fliegen nicht

Satiren aus Wien

Zeichnungen von Rudolf Angerer

Knaur

ISBN 3-426-02153-6 880

Inhalt

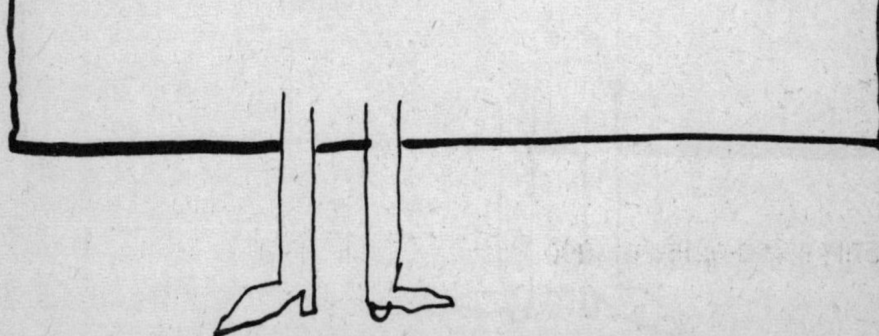

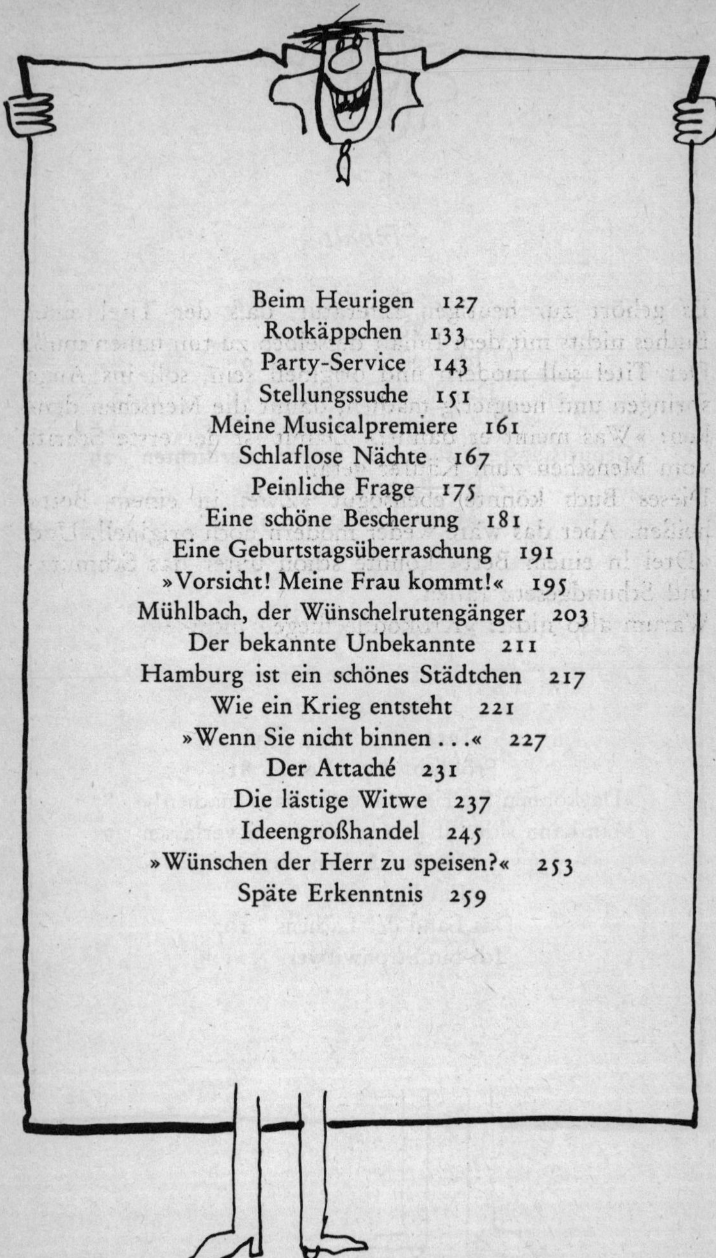

Es gehört zur heutigen Literatur, daß der Titel eines Buches nichts mit dem Inhalt desselben zu tun haben muß. Der Titel soll modern und originell sein, soll ins Auge springen und neugierig machen, damit die Menschen denken: »Was meint er damit?« Damit ist der erste Schritt vom Menschen zum Käufer getan.

Dieses Buch könnte ebensogut »Zwei in einem Bett« heißen. Aber das wäre weder modern noch originell. Und »Drei in einem Bett« könnte schon unter das Schmutz- und Schundgesetz fallen.

Warum also nicht: »Krokodile fliegen nicht«?

Der Weise: »Krokodile fliegen nicht.«
Der Sultan: »Warum nicht?«
Der Weise: »Waaß ich?!«
(Hadschi Halef Omar Ben Hadschi Abul Abbas Ibn Hadschi Dawuhd al Gossarah,
2. Buch Kara ben Nemsi)

Es geschah am 66. Oktember des Jahres 2474.
No. A/231 945, ein bekannter Weltraumautofabrikant, war, wie jeden Abend, von seinem Zentralbüro auf dem Mond zur Erde zurückgekehrt.
Es war 48 Uhr 77 Minuten. A/231 945 hatte eine Tagung hinter sich, an der die Direktoren seiner Firma von den Planeten Merkur, Venus, Mars, Jupiter, Saturn, Uranus und Neptun teilgenommen hatten. A/231 945 schluckte seine Abendmenü-Tablette — Kartoffelsuppe, Reisfleisch und Apfelstrudel —, spritzte sich einen Gumpoldskirchner Spray in den Mund, setzte sich in seinen modernen, aber unbequemen Hartstoff-fauteuil und dachte nach. Was wollte er bloß? Richtig, es fiel ihm ein. No. C/1 873 712 hatte in seiner Ansprache etwas von der längst vergessenen »Wiener Gemütlichkeit« gesagt. A/231 945 war wohl sehr reich, aber nicht sehr gebildet. »Wiener Gemütlichkeit?« Was war das? Er konnte sich darunter nichts vorstellen. Er drückte auf einen roten Knopf, ließ seine Mikrofilmbibliothek zu sich heranfahren, entnahm ihr eine Box, die nicht größer als eine Streichholzschachtel war, griff sich einen Zelluloidstreifen heraus und legte ihn in den auf dem Fauteuil angebrachten Mini-Computer. Es war der Streifen, der die 155 Bände der Österreichischen Enzyklopädie enthielt. A/231 945 drückte auf einen grünen Knopf, und schon wurde Band 146, S. 138 289, Buchstabe W, auf die Wand geworfen. A/231 945 suchte nach »Wiener Gemütlichkeit«, wobei sein Blick, rein zufällig, auf »Wiener Hugo« fiel. Er las:
»Wiener Hugo (s. auch Nixon Richard) . . .«
Ein Druck auf einen gelben Knopf: Buchstabe N:
»Nixon Richard, Präsident der USA, einstige Weltmacht, Zeitgenosse von Wiener Hugo.« Also zurück zu Buchstaben W:

»Wiener Hugo, Schriftsteller, schrieb zahlreiche Operetten und Kabarettprogramme (s. »Verschollene Kunst«). Gattin Cissy Kraner (s. K.), Wiener Diseuse, machte ihn durch den Vortrag seines bedeutendsten Werkes »Der Nowak läßt mich nicht verkommen«, das den Stil seiner Epoche prägte, unsterblich. Wiener schrieb auch mehrere Bücher, darunter für den noch heute bestehenden Amalthea-Verlag die unvergeßlichen Werke »Doppelconférence«, »Das Beste aus dem Simpl« und »Krokodile fliegen nicht«.

A/231 945 war neugierig geworden. Er richtete den Atomsuchstrahler auf die Mikrofilmbibliothek, eine Box schob sich vor: »Hugo Wiener, Gesammelte Werke.« A/231 945 nahm einen Streifen heraus, kleiner als eine Briefmarke, und legte sie in den Computer. Unentzifferbare Hieroglyphen erschienen an der Wand. A/231 945 betätigte den Fußhebel. Im Nu wurden die Zeichen in die allgemein lesbare Schrift des Jahres 2474 übertragen. Und A/231 945 begann zu lesen:

Ich stelle mich vor

Ich heiße Wiener. Hugo Wiener. Hugo heißt »der Weise«. Ich heiße trotzdem Hugo.

Beruf: Autor, Komponist, Kabarettist, Librettist. Am liebsten schreibe ich Gesangstexte. Ich habe schon in meiner Jugend viele Texte geschrieben, sogar einige große Schlager. Es waren natürlich nicht alle großen Schlager von mir, es gab ja so viele andere Textdichter. Wenn ich Sie erinnern darf: »Wenn der weiße Flieder wieder blüht«, »Ich hab mein Herz in Heidelberg verloren«, »Ich küsse Ihre Hand, Madame« waren die bedeutendsten Schlager, die *nicht* von mir waren. Die waren von den andern.

Stand: verheiratet; Gattin: Cissy Kraner.

Hobby: Ich sammle meine Kritiken, gute und schlechte. Ich schneide sie aus, klebe sie, fein säuberlich nach Datum geordnet, auf Bogen und reihe sie in eine Kartothek ein, wo sie später, fein säuberlich nach Datum geordnet, verlorengehen.

Seit Jahren komme ich mit dem Ausschneiden nicht mehr nach. In meinem Arbeitszimmer liegen die Zeitungen meterhoch, in den anderen Zimmern noch höher.

Eines Tages sagte meine Frau:

»Ich habe dich in einem Ausschnittbüro abonnieren lassen. In Hinkunft bekommst du alle Zeitungsausschnitte zugeschickt, in denen dein Name erwähnt ist, das kostet pro Monat hundert Schilling, pro Ausschnitt sechs Schilling extra, du brauchst dir keine Zeitungen mehr zu kaufen, brauchst nicht zu suchen, wer wo was über dich geschrieben hat, und so weiter.« Es klang wunderschön.

Am Freitag, dem 13. Jänner, hatte ich Premiere im »Simpl«, am Dienstag, dem 17., bekam ich den ersten Ausschnitt. Zitternd öffnete ich den Umschlag, nahm den Ausschnitt heraus und erfuhr, daß Kammersänger Otto Wiener in der nächsten »Meistersinger«-Inszenierung der Staatsoper den Hans Sachs singen werde. Ich freute mich für ihn, obwohl ich ihn damals noch nicht kannte, aber für mein Geld hatte ich etwas persönlicheres erwartet. Natürlich — ein Irrtum kann vorkommen. Das Ausschnittbüro braucht nur einen Computer zu haben, und das Chaos ist fertig.

Ich beschloß, den Kammersänger anzurufen.

»Hier Wiener!«

»Hier Wiener!«

»Hier Hugo Wiener!«

»Hier Otto Wiener!«

»Ich habe irrtümlich einen Zeitungsausschnitt bekommen, der eigentlich für Sie bestimmt ist. Sie werden demnächst an der Staatsoper den Hans Sachs singen.«

»Fein!« freut er sich. »Ich habe auch etwas bekommen, das wieder Sie interessieren wird. Laut ›Kurier‹ ist Ihre Revue durchgefallen.«

»Danke!«

»Bitte!«

Am nächsten Tag bekomme ich gleich drei Ausschnitte: Otto Wiener-Gastspiel in München ein voller Erfolg ... Otto Wiener für Schallplattenproduktion verpflichtet ... Otto Wiener nach Bayreuth engagiert.

»Hier Wiener!«

»Hier Wiener!«

»Ich habe gute Nachrichten: Ihr Gastspiel in München ein voller Erfolg, Sie wurden für eine Schallplattenproduktion verpflichtet und außerdem nach Bayreuth engagiert.«

»Na wunderbar!« lacht er. »Haben Sie die Verträge?«

»Leider nein!« sage ich. »Aber Sie? Haben Sie etwas über mich gehört?«

»Leider ja!« sagt er. Es klang bedauernd. »›Kronen-Zeitung‹, ›Presse‹, ›Arbeiter-Zeitung‹ — alles negativ.«

»Danke.«

»Bitte.«

Nächster Tag: Otto Wiener geht an die Met.

»Hier Wiener!«

»Servus!«

»Servus! Ich habe eben die Mitteilung bekommen, daß du an der Met singen wirst.«

»Wann?«

»Am 12., 14. und 18. Oktober 1975.«
»Werde ich mir sofort notieren.«
»Was ist mit mir?«
»Graz, Linz, Klagenfurt schlecht. Einzige positive Kritik in der ›Schladminger Morgenpost‹.«
»Danke!«
»Bitte!«
Wir kamen überein, uns einmal wöchentlich im Kaffeehaus zu treffen und dort unsere Kritiken auszutauschen. Aber es kam schlimmer: 18 Ausschnitte über die »Wiener« Sängerknaben, 16 Ausschnitte: »Wiener« Holzwerke bekommen neuen Direktor, »Wiener« erdrosselt seine Braut, »Wiener« als Falschmünzer entlarvt, »Wiener« in Pornoskandal verwickelt usw., usw. Hier sollte es natürlich richtig heißen: *ein* Wiener. In den Berichten waren dann auch die Namen angeführt, aber das Ausschnittbüro ließ sich anscheinend durch die Titelzeilen irreführen.
In meinem Arbeitszimmer liegen die Ausschnitte meterhoch, in den anderen Zimmern noch höher.
»Mach dir nichts draus«, sagte meine Frau, »im Winter werden wir alles verheizen.«
Im Herbst stellte sie unsere Koksheizung auf Gas um.
Und dann kam es wie eine Lawine:
»Wiener« Arbeiter-Sportverein, »Wiener« Automobilwerkstätten, »Wiener« Email- und Glasurfabrik, »Wiener« Philharmoniker usw., usw.

Sollten Sie annehmen, daß ein Ausschnitt für Sie darunter ist (in Betracht kommen alle im Wiener Telefonbuch auf den Seiten 1345—1349 stehenden Abonnenten), können Sie, gegen vorherige telefonische Anmeldung, bei mir Einsicht nehmen.

Österreich ist ein glückliches Land!
Wenn man den Werbesendungen des Österreichischen Fernsehens trauen darf, haben wir Österreicher nur zwei Probleme: Wie beseitige ich meinen Mundgeruch und wie halte ich meine Achselhöhlen trocken. Die Werbung ist ein eigenes Kapitel. Ich könnte Ihnen Dinge erzählen ...!
Aber warum erzählen? Lesen Sie selbst!

Das Werbefernsehen

Fernsehen ist schön. Ich liebe es. Fernsehen ist eine Art von Unterhaltung, bei der man immer hofft, daß sie noch zur Unterhaltung werden könnte. Zugegeben, es gibt viele Programme, bei denen man seine eingeschlafenen Füße beneidet — und doch! Wenn ich am Abend frei bin, bin ich vom Fernsehapparat nicht wegzubringen. Anders meine Frau. Meine Frau ginge lieber ins Theater, ins Kino, in ein schickes Restaurant — aber ich? Fernsehen!
Neulich kam ich am Spätnachmittag nach Hause, lag ein rohes Stück Fleisch auf dem Tisch, daneben ein Stück Butter, etwas Mehl, Salz und Pfeffer sowie ein Zettel: »Bin bei meiner Mutter; wie man aus den vorbereiteten Zutaten eine Mahlzeit bereitet, erklärt Dir der Fernsehkoch um 18 Uhr 30.«
Trotzdem! Ich liebe das Fernsehen. Ich finde, daß es zur Konversation beiträgt, besonders an Abenden, an denen es nicht funktioniert. Aber das war ja am Anfang des TV-Zeitalters, als noch nicht jeder sein eigenes Gerät besaß, viel schlimmer. Damals kamen sie alle, die Freunde und Bekannten, um das Wunder zu bestaunen. Am Abend kam ich mir vor wie ein Billeteur. Ich mußte die Stühle aufstellen, mußte jeden zu seinem Platz führen, Brötchen herumreichen — und alles, ohne ein Wort zu reden. Man durfte ja nicht stören. Mein kleiner Neffe glaubte bis zu seinem fünften Lebensjahr, daß er »Pst« heißt. Sooft er den Mund auftat, machten alle »Pst!«.
Und doch — ich liebe das Fernsehen! I love it! Ich schreibe ja für es. (Falls Sie, geneigter Leser oder Sie, schöne Leserin, das »für es« stört, dürfen Sie unbedenklich »dafür« lesen. Oder »fürs«.) Für das Fernsehen schreiben ist lustig. Und das lustigste in allen Fernsehbetrieben ist die Unterhaltungsabteilung. Dort sind die traurigsten Menschen des ganzen Unternehmens beisammen. Die einen, die man ihres Humors wegen genommen hat, haben diesen in der Zusammenarbeit mit den andern verloren — die andern haben nie einen besessen. Die letzteren sind die Chefs. Einem solchen las ich einmal aus einem Manuskript folgenden Gag vor:

Ein Ausländer geht in London, im dichtesten Nebel, eine Treppe hinunter und stößt auf einen andern, der in total durchnäßten Kleidern die Treppe heraufkommt. Der erste fragt: »Tell me, Sir, geht es hier zur Untergrundbahn?« Darauf der zweite: »Nein, zur Themse. Ich komme von dort.«

Ich erwartete, daß der Unterhaltungsboß lachen, lächeln oder zumindest schmunzeln werde. Nichts von alledem. Er sah mich bloß interessiert an und fragte: »Und was sagte der erste?« In diesem Augenblick haßte ich ihn. Er hatte mich, ohne es zu wissen, um meine Pointe betrogen. Ich antwortete: »Der erste sagte ›Danke‹ und kehrte um.« Ich mußte ja etwas sagen. Aber jetzt lachte er, daß sich die Fernsehwände bogen und das Defizit wackelte. »Das machen wir!« rief er. »Schon dieses Gags wegen!« Die Sendung wurde wirklich gemacht, der Gag wurde vom Regisseur gestrichen, was aber der Boß nicht bemerkte. Für das Fernsehen schreiben ist lustig.

Und doch! Ich liebe das Fernsehen! Es gibt Menschen, die sagen, das Fernsehen habe zwei schlechte Dinge: die Werbung und das Programm. Meine Frau *liebt* die Werbung. Neulich war es wieder soweit. Die Werbung war vorüber, ich schaltete das Gerät aus, weil wir Freunde erwarteten und noch einiges vorbereiten mußten. So mußten wir zum Beispiel die feinen Zigaretten und die guten Kekse, die noch auf dem Tisch standen, verstecken. Unsere Freundin hatte nämlich die Gewohnheit, ein Keks nach dem andern zu essen, während ihr Gatte bei jedem Stück sagte: »Iß nicht so viel!« und dazu unsere Zigaretten rauchte. Wir tauschten also die Zigaretten gegen weniger feine und die Kekse gegen weniger teure aus. Schließlich soll man seine Mitmenschen weder zum Rauchen noch zum Dickwerden verleiten. Unsere Freundin hat sowieso immer mit ihrem Gewicht zu kämpfen. Ich weiß nicht, ob Sie, geneigter Leser, oder Sie, schöne Leserin, schon die neuen Waagen kennen, die keine Karten mehr auswerfen, sondern das Gewicht durch einen kleinen Lautsprecher dem Interessenten direkt ins Ohr

flüstern. Unsere Freundin stieg neulich auf eine solche Waage, worauf die Waage keuchend sagte: »Immer nur einer, bitte!«
Aber zurück zum Fernsehen.
»Heute war es wieder gut!« sagte meine Frau.
Mich riß es herum.
»Gut?« fragte ich. »Dir hat das gefallen? Der Weiße Riese mit seinem Knotentest?«
Meine Frau belehrte mich: »Der Weiße Riese hat keinen Knotentest, sondern eine Riesenwaschkraft und — was *du* brauchen würdest — einen Kalkstopper. Den Knotentest hat Omo.«
Ich war baff.
»Das merkst du dir alles?« fragte ich.
»Ja!« sagte meine Frau stolz, worauf ich nur ein bewunderndes »Cremissimo!« hervorstieß.
»Nicht beneiden«, sagte sie mit den weisen Worten von Dianas Franzbranntwein, »nachmachen! Du würdest dir auch alles merken, wenn du Doktor Bauers Vitaminkapseln nehmen würdest. Nur echt mit dem Elefantenkopf!« Dabei tippte sie an mein Haupt.
»Hör schon auf mit diesen Werbeslogans!« brummte ich gereizt und schlug mit der Faust auf den Tisch.
Das hätte ich nicht tun sollen.
»Zertrümmere nicht den gefälligen Wohnzimmertisch von Pulk & Papanek!« rief sie. »Volleiche, ab 800 Schilling!«
»Und du«, konterte ich, »knirsche nicht mit den Zähnen!« Aber da kam ich schlecht an.
»Ich kann knirschen, soviel ich will!« sagte sie triumphierend. »Ich putze ja meine Zähne mit Idol!«
»Nur echt mit dem gebremsten Schaum vor dem Mund!« erwiderte ich höhnisch. »Meinetwegen putz sie dir mit Mautner-Senf in der vergnüglichen Plastiksprühflasche, aber mich laß in Frieden!«
Nun wurde sie persönlich. »So also bist du!« sagte sie. »Als du während unserer Verlobungszeit zu meinen Eltern kamst, wußte ich nicht, wie jähzornig du bist!«
Jetzt ging es frischwärts. »Damals«, sagte ich mit einem

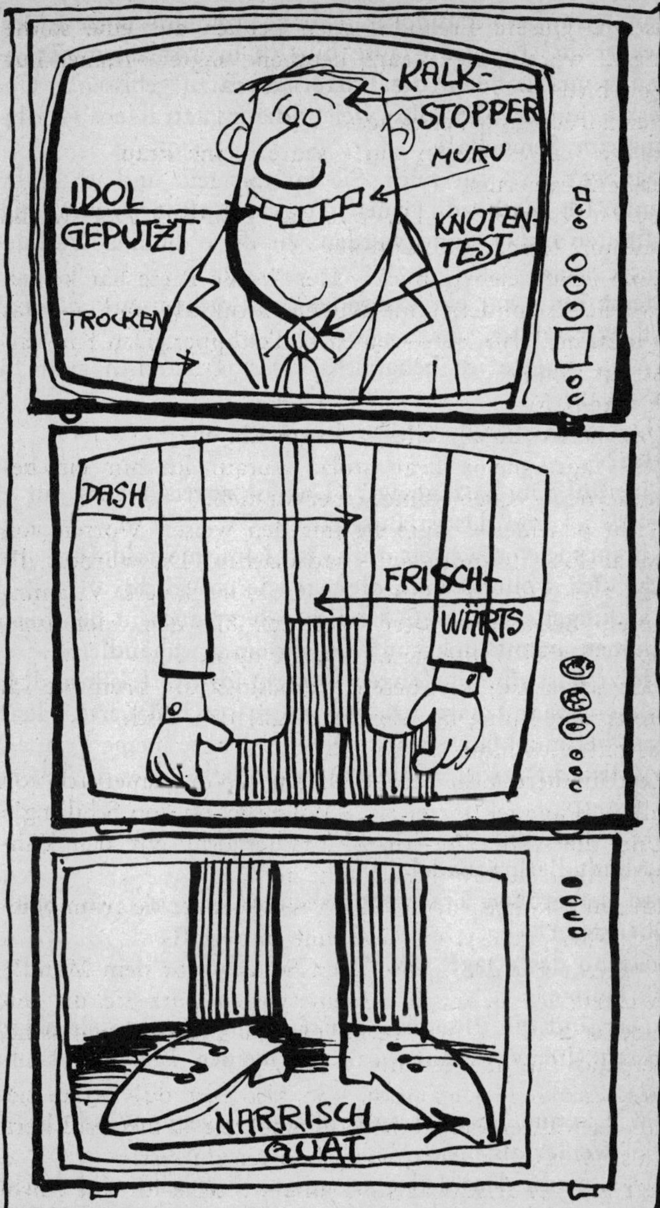
KALK-
STOPPER
MURU
IDOL
GEPUTZT
KNOTEN-
TEST
TROCKEN
DASH
FRISCH-
WÄRTS
NARRISCH
GUAT

ganz gemeinen Lustgefühl, »habe ich mich ja auch sehr beherrscht! Erst zu Hause bin ich ins Schlafzimmer gerannt und habe in die Schaummatratze gebissen!« Und setzte hinzu: »Es gibt viele Schaummatratzen — aber nur *eine* Sembella!«
Das war 1 : 0 für mich. Sie tat mir leid und ich lenkte ein: »Ich mache dir einen Vorschlag. Reden wir einige Minuten nichts, dann werden wir diese dumme Werbung vergessen.«
Meine Frau war einverstanden, was nicht immer der Fall ist. Wir setzten uns.
»Ah!« seufzte ich behaglich. »Das is' narrisch guat für d' Füaß!«
»Du fängst schon wieder an!« schrie sie.
»Ich?«
»Ja, du! Du hast gesagt: ›Das is' narrisch guat für d' Füaß‹ — und das ist Burgit!«
Ich sprang verzweifelt auf. »Ich kann nichts dafür!« rief ich. »Ich wollte stumm bleiben wie ein Fisch!«
»Vickinger«, beruhigte sie sich. »Jetzt auch in der formschönen Familienpackung bei Ihrem Fachhändler.«
»Jetzt hast *du* angefangen!« schrie ich hysterisch und riß mir ein paar Haare aus, was ich sofort bedauerte. Haare sind bei mir Mangelware. Diesmal lenkte meine Frau ein.
»Willst du etwas trinken?« erkundigte sie sich liebenswürdig.
»Was hast du?«
»Almdudlerlimonade!«
»In der großen Trachtenpärchenflasche?« rief ich freudig überrascht.
»Genau das!« sagte sie.
Es läutete.
»Das sind die Pfandls!« Ich ging zur Tür, um sie einzulassen. Im Vorzimmer sah ich meinen Freund erstaunt an.
»Wie kommt das?« fragte ich ihn. »Deine Wäsche ist ja viel weißer als meine?«
»Das macht Dash!« sagte unsere Freundin und blickte

verzückt auf den Hemdkragen ihres Mannes. »Dash zwingt Grau raus und Weiß rein!«

Schluß mit der Werbung, ich mag sie nicht. Und das Verwerfliche an ihr ist, daß sie sich meist nackter Mädchen als Blickfang bedient. Früher hatte ich nichts gegen nackte Mädchen, heute verabscheue ich sie. Ich bin dahintergekommen: Ein nacktes Mädchen ißt, trinkt oder macht auf etwas aufmerksam, was ein anderer verkaufen will. Das heißt . . . ich muß morgen mit meinem Verleger reden. Ob es nicht gut wäre? Ein nacktes Mädchen mit diesem Buch in der Hand . . .?

Chinesische Weisheit:
»Buddha gibt und Buddha nimmt. Aber wenn Buddha nimmt, nimmt er mehr, als er gegeben. Er gab uns das Radio und nahm uns die Ruhe — er gab uns das Fernsehen und nahm uns den Weitblick.« (Konfuzius, 588 v. Chr.)

Ixypsilon

Wir haben einen Gast: unseren Nachbarn, Herrn Bolberitzberger. Man sagt, ein Gast ist wie ein Fisch, nach vier Tagen beginnt er zu stinken. Aber Herr Bolberitzberger bleibt keine vier Tage. Höchstens eine Stunde. Er ist nur ein Fernsehgast. Sein Apparat ist kaputt, und er möchte die Sendung »XY — Aktenzeichen ungelöst« nicht versäumen. Wir verstehen das. Auch wir sitzen gespannt vor dem Bildschirm, wenn Eduard Zimmermann wieder einmal unaufgeklärte Verbrechen behandelt und die Zuschauer bittet, die Schuldigen suchen zu helfen. Ich finde ja, daß so ziemlich alles, was man im Fernsehen zeigt, ein Verbrechen ist, aber Zimmermann gibt es wenigstens zu. Die einzige wirkliche Verbrecherserie ist die einzige ehrliche.

Sooft ich Bolberitzberger sehe, denke ich an Pippin den Kurzen. Alles an ihm ist kurz: die Figur, das Kinn, die Nase, die Ohren. Am längsten ist sein Name.

Die Sendung war vorüber — meine Frau schaltete den Apparat aus. »Unheimlich!« sagte sie, und ein leises Schaudern lief über ihren Rücken.

»Unheimlich!« mußte ich zugeben. »Was meinen Sie, Herr Bolberitzberger?«

»Unheimlich!« sagte auch er. »Anstatt froh zu sein, daß mein Fernsehapparat kaputt ist, schau ich mir das noch bei Ihnen an.«

Wir setzten uns an den runden Tisch.

»Schrecklich!« sagte meine Frau und dachte noch immer an eine der Filmeinblendungen. »Wie der Mörder den Juwelier auf dem dunklen Korridor überfallen hat ...«

Unser Gast erbleichte.

»Reden Sie nicht von dem dunklen Korridor, gnädige Frau«, meinte er. »Ich muß ja noch nach Hause gehen. Im Kino habe ich mir so etwas nie angeschaut.«

»Dabei ist es im Kino noch besser«, sagte meine Frau, »aber beim Fernsehen hat man ja die Verbrecher direkt im Zimmer. Wenn man bedenkt, daß sich alle diese Fälle wirklich ereignet haben ... daß einem das selbst passieren könnte ...«

»Sei doch still!« nahm ich jetzt das Wort. »Wenn du schon siehst, daß sich Herr Bolberitzberger ängstigt.«
»Ich ängstigen?« Bolberitzberger bebte. »Mich läßt das so kalt ... so kalt ... daß ich zittere.«
Meine Frau dachte nach, und das hatte noch nie gut geendet. »Ich will ja keinen Verdacht aussprechen«, meinte sie, »aber ist euch bei dem Mörder nicht eine gewisse Ähnlichkeit aufgefallen?«
»Mit wem?« fragte Bolberitzberger nervös.
»Mit dem Untermieter von Salzmanns.«
Es wurde still im Zimmer. Wir sahen einander an wie Sherlock Holmes, der in eine Rank-Xerox-Kopiermaschine geraten war und nun in dreifacher Auflage dasaß.
»Das ist ein Unsinn«, brach ich endlich das Schweigen. »Zimmermann hat gesagt, der Mörder mißt ungefähr zwei Meter, und der Untermieter von Salzmanns mißt höchstens einsachtzig.«
»Er könnte sich ja kleiner machen«, meinte Bolberitzberger bibbernd.
Ich zerstreute alle Bedenken.
»Der Untermieter heißt Röder, und der Mörder heißt Wurlitsch.«
»Zimmermann hat aber ausdrücklich darauf aufmerksam gemacht, daß sich der Mörder auch andere Namen zulegt«, sagte prompt meine Frau, die sogar dem Rundfunkansager zu widersprechen pflegt.
»Das Auto ist ja auch verdächtig«, so Bolberitzberger.
»Wieso?« Ich war entschlossen, den Salzmannschen Untermieter bis zum letzten zu verteidigen. »Der Untermieter fährt einen alten Volkswagen und der Mörder einen neuen Opel.«
»Alles Verstellung«, sagte Bolberitzberger. »Man müßte die Polizei benachrichtigen.«
»Hört schon auf, den Untermieter zu verdächtigen!« rief ich in einem Ton, wie ihn Zola im Dreyfuß-Prozeß gehabt haben muß. »Der Untermieter hat ein Alibi! Der Mord geschah zu Weihnachten in Düsseldorf, und der Untermieter war zu Weihnachten in Wien.«

»Da hast du recht«, sagte meine Frau. Es war eine jener seltenen Gelegenheiten, wo sie mir recht gab.
Aber Bolberitzberger gab sich nicht zufrieden.
»Das war sehr geschickt von ihm«, murmelte er.
Ich versuchte ihn abzulenken.
»Ich fand den zweiten Fall viel unheimlicher«, sagte ich.
»Den Fall mit dem Münzensammler. Ich auch«, pflichtete er mir bei. »Wie er mit dem Rücken zur Tür saß und die Hand mit dem Dolch durch den Türspalt kam ...« Er demonstrierte es, fuhr dabei mit der Faust an den Augen vorüber und schrie auf: »Aaahhh!!!«
Wir schreckten zusammen. Er entschuldigte sich.
»Die Nerven«, sagte er schlotternd.
Meine Frau war aufgestanden. Plötzlich starrte sie auf meine Füße, riß die Augen weit auf und rief: »Dort!!!«
»Was???« stieß ich hervor und zog die Beine hoch.
»Die Haarspange, die ich schon den ganzen Tag suche! Da sieht man, wie diese Nowotny aufräumt!« Sie hob die Spange auf. Ich griff nach meinem Herzen: »Der Schlag könnte einen treffen ...«
Bolberitzberger hatte inzwischen überlegt.
»Wissen Sie, was ich nicht verstehe?« sagte er. »Der Mörder hatte doch in der linken Hand den Dolch und die Münzensammlung — und in der rechten die Schatulle mit dem Geld und den Revolver. Wie konnte der überhaupt losdrücken?«
»Das kann ich Ihnen zeigen«, sagte ich überlegen, als hätte ich dreißig Jahre Verbrechererfahrung hinter mir. »Das ist ein Trick. Da nehmen Sie das Obstmesser, das ist der Dolch« — ich drückte ihm, trotz seiner Weigerung, das Obstmesser in die linke Hand —, »und da nehmen Sie das Telefonbuch.« Ich klemmte es unter seinen linken Arm. »Rechts nehmen Sie diese Schuhschachtel, die ist statt der Schatulle — und da nehmen Sie meinen Kugelschreiber, das ist der Revolver.«
»Da habe ich etwas Besseres!« sagte meine Frau, sprang auf und holte eine Pistole von der Kommode. »Da — nehmen Sie!«

»Ausgeschlossen!« meinte Bolberitzberger. »Ich nehme doch keine Pistole in die Hand!«
»Die können Sie ruhig nehmen!« überredete ihn meine Frau. »Erstens ist es eine Kinderpistole — unser Neffe Ladi hat sie hier vergessen —, und zweitens ist sie nicht geladen.«
»Bestimmt nicht?«
»Bestimmt nicht!« lachte meine Frau.
»Also dann!« instruierte ich ihn. »Ich drehe Ihnen den Rücken zu — Sie zählen bis drei — dann schießen Sie!«
Ich drehte ihm den Rücken zu. Bolberitzberger zählte: »Eins — zwei —« Er stockte.
»Na?« fragte ich und drehte mich um.
»Drei!« zählte er und drückte los.

Als ich in der Klinik zu mir kam, sagte der Arzt, in 14 Tagen werde ich wieder mein linkes Auge öffnen können. Die Pistole *war* geladen. Mit einer Holzpatrone, die unter meinem linken Auge landete. Seither schaue ich mir die Sendung »XY — Aktenzeichen ungelöst« nicht mehr an. *Mein* Fall war gelöst. Der Verbrecher war meine Frau.

Haben wir schon über Politik gesprochen?
Es ist nichts so teuer wie ein billiger Politiker.
Dabei gibt es mehr anständige Politiker, als man glaubt — wenn auch nicht so viele, wie man behauptet.
Ich erfuhr das anläßlich einer

Geburtstagsrede für einen unserer Verdienten

Ich saß an meinem Schreibtisch. Mir gegenüber hatte ein Herr Platz genommen, den ich, wie er sagte, auf irgendeiner Party kennengelernt hatte. Er kam mit einem für mich höchst schmeichelhaften Auftrag. Ich sollte zum 60. Geburtstag eines von mir sehr verehrten Politikers eine Rede schreiben.

»Aber nur Gutes!« bat er. »Nur Gutes!«

»Das wird mir bei einer solch untadeligen Persönlichkeit nicht schwerfallen!« antwortete ich und begann: »Verehrtes Geburtstagskind! Als Sohn braver Eltern in Wien geboren — —«

»Falsch!« unterbrach mich der andere. »Er war ein Findelkind. Seine Mutter soll eine Dirne, sein Vater ein Zuhälter gewesen sein.«

»Zzz!« schüttelte ich teilnahmsvoll den Kopf und begann von neuem: »Als Ziehsohn braver Eltern in Wien geboren, warst du schon in deiner Kindheit ein beispielgebender Schüler.«

»Das geht nicht. Er ist in allen Gegenständen durchgefallen.«

»Dann schreiben wir es anders.« Ich korrigierte: »Standest du schon in deiner Kindheit der veralteten Weisheit deiner Lehrer mißtrauisch gegenüber. Schon im Alter von fünfzehn Jahren hattest du deine eigenen Ideen. Eine dieser Ideen war — —«

»Eine dieser Ideen war«, unterbrach mich mein Auftraggeber, »nach Südamerika durchzubrennen.«

»Allein?« fragte ich verblüfft.

»Zu zweit.«

»Mit wem?«

»Mit den Ersparnissen seines Vaters.«

»Hm!« machte ich und schrieb: »Schon im Alter von fünfzehn Jahren zog es dich in die weite Ferne, immer von dem Gedanken beseelt, die fortschrittlichen Ideen fremder Länder kennenzulernen, um sie später einmal in dein Heimatland zu verpflanzen.«

»Geht auch nicht. Er hat erst in der vorigen Woche in einem Interview erklärt, daß er nicht daran dachte, jemals wieder nach Österreich zurückzukehren. Er wollte Kopfjäger werden.«

»Dann schreiben wir doch: ›Schon damals warst du auf der Jagd nach Köpfen, die dir helfen sollten, deine späteren Pläne zu verwirklichen.‹«

»Er ist ja gar nicht so weit gekommen«, meinte der andere. »Sein Vater hatte wegen Diebstahls die Anzeige erstattet, und so wurde er schon in Purkersdorf von der Polizei aufgegriffen.«

Ich war ratlos. Die Gloriole um das Haupt meines Politikers begann zu schwinden, um einem Gitter vor seinem Gesicht Platz zu machen. Aber noch gab ich nicht auf. »Freunde und Helfer«, schrieb ich, »brachten dich, jungen Wirrkopf, zu deinen bangenden Eltern zurück. Reuig standest du deinem Vater — —«

»Zieh.«

»Wie bitte?«

»Ziehvater.«

»Deinem Ziehvater gegenüber«, besserte ich aus. »Er schloß dich in seine Arme, und ihr weintet vor Schmerz und vor Freude.«

»Ho!« lachte mein Gegenüber, als ob ich ihm eben den besten Witz erzählt hätte. »Wo er in seiner Selbstbiographie erzählt, daß ihm sein Vater — —«

»Zieh.«

»Wie bitte?«

»Ziehvater.«

»Ziehvater«, korrigierte er nun seinerseits, »damals zwei Ohrfeigen und einen Tritt versetzt hat.«

»Viel zu wenig«, dachte ich und sagte: »Dann schreiben wir eben etwas anderes.«

»Aber nur Gutes, bitte, nur Gutes!«

»Schreiben wir: ›Mit gütiger Strenge holte dich dein Vater nach Hause zurück, und nun wandtest du dich der Politik zu. Du hattest deinen Lebenszweck gefunden.‹«

Der andere erschrak.

»Nichts von finden!« flehte er mich an. »Er hatte da eine Sache wegen Fundverheimlichung. Er fand in einer Telefonzelle eine Brieftasche mit Devisen und gab sie nicht ab. Die Polizei kam aber dahinter, und er mußte sechs Wochen sitzen.«

Das Gitter, das früher kleinmaschig gewesen war, verwandelte sich in dicke Eisenstäbe.

»Und sein Vater?« fragte ich fassungslos. »Was sagte sein Vater dazu?«

»Nichts. Der ist schon wegen weniger länger gesessen.«

»Na gut!« sagte ich nervös und schrieb: »Kaum hattest du dich der Politik zugewandt, wurdest du — von deinen politischen Gegnern verleumdet — ins Gefängnis geworfen.«

»Das ist gut!« rief der andere begeistert. »›Politische Gegner‹ und ›Gefängnis‹ — das wirkt immer.«

»Wann trat er eigentlich der Partei bei?«

»Mit 25 Jahren.«

»Kaum 25jährig«, schrieb ich, »wurdest du Mitglied deiner Partei. Und als die Nationalsozialisten Österreich überrannten, legtest du den heiligen Eid ab, dein geliebtes Vaterland zu befreien.«

»Das ist unmöglich«, meinte der andere betreten.

»Warum?« fragte ich.

»Die Partei, der er beigetreten war, *war* die nationalsozialistische.«

»Hm!« machte ich, diesmal mit zusammengepreßten Lippen. »Schreiben wir es so: ›Kaum 25jährig, gelang es dir, dich in die Nationalsozialistische Partei zu schmuggeln, um ihre Taktik kennenzulernen und ihren Apparat zu unterwühlen.‹«

»Das ist gut«, sagte der andere. »Nur ... was ist, wenn die Nazis wiederkommen?«

Das war der Augenblick, in dem ich ihn hinauswarf.

Ich habe später die Geschichte des betreffenden Politikers studiert. Wenn man überhaupt etwas Gutes über ihn schreiben konnte, gab es nur eines: Er war in seiner Jugend in der Fußballmannschaft der 4. Volksschulklasse ein guter Tormann gewesen.

»Es geht nichts über Literatur. Ich verliere eine Kuh, ich schreibe über ihren Tod, und was ich schreibe, bringt mir so viel, daß ich mir dafür eine andere Kuh kaufen kann.«

(Jules Renard, 1864—1910)

Ich habe Renard nicht gekannt, aber was er da schrieb, war vielleicht für seine Zeit gültig.
Wem genügt heute eine Kuh? Um die heutigen Bedürfnisse zu befriedigen, muß man schon einen Bestseller schreiben. Am besten eine zweite Forsyte-Saga:

Die Riebeisl-Saga

Jeder Schriftsteller hat den Traum, einen Bestseller zu schreiben. Supertraum: Die Forsyte-Saga. Bestseller als Roman, als Film, als Fernsehserie und dadurch wieder als Roman. Und dabei kann es nicht so schwer sein. Die Buchstaben sind alle in der Schreibmaschine, man muß sie nur in die richtige Reihenfolge bringen. Aber wer kann das schon? Das heißt, es kommt auf einen Versuch an. Meine Forsyte-Saga muß natürlich in der Gegenwart und in Wien spielen. Ich werde sie die »Riebeisl-Saga« nennen. Die Riebeisls sind eine große Familie, und es gilt vor allem, ihren Stammbaum zu skizzieren. Ich glaube, Galsworthy hat auch so angefangen.
Urahne Johann Riebeisl (1741—1812) heiratete Katharina Kropatschek. Die beiden hatten zehn Kinder: Rosa, Karl, Robert, Turl, Vinzenz, Klara, Mathilde, Blasius, Florian und Angela.
Der Grundstein wäre gelegt, aber jetzt weiter: Karl heiratet eine gewisse Sophie Zwržina und bekommt einen Sohn namens Alfons. Alfons heiratet eine Josefa Bummerl und kriegt eine Tochter: Hedwig. Robert heiratet Brigitte Schodermann und bekommt vier Kinder: Agathe, Juliana, Leonie und Bruno. Vinzenz heiratet Roswitha Immergrün und bekommt auch vier Kinder: Grete, Alexander, Gottfried und Nepomuk. Blasius heiratet Fanny Hill und bekommt fünf Kinder — ich hole einen Kalender, um Namen zu suchen, finde keinen, nur ein österreichisches Geschichtsbuch — die Kinder heißen demnach: Rudolf, Valerie, Salvator, Franz Josef und Eugen. Rosa, Turl, Klara und Mathilde bleiben ledig, die Ehen Florians und Angelas sind kinderlos, sonst geht mir das Farbband aus.
Karl, der jüngere, läßt sich von seiner Gattin Sophie Zwržina scheiden und heiratet Rosalie Gamperl. Der Ehe entsprießen ein Sohn und eine Tochter: Albert und Gerlinde. Albert verlobt sich mit einer Italienerin — Božena Wrbal — und heiratet sie. Sie bekommen eine Tochter, Adelheid, die einen bürgerlichen Einbrecher namens Roland heiratet. Auch sie bekommen eine Tochter — Hilde-

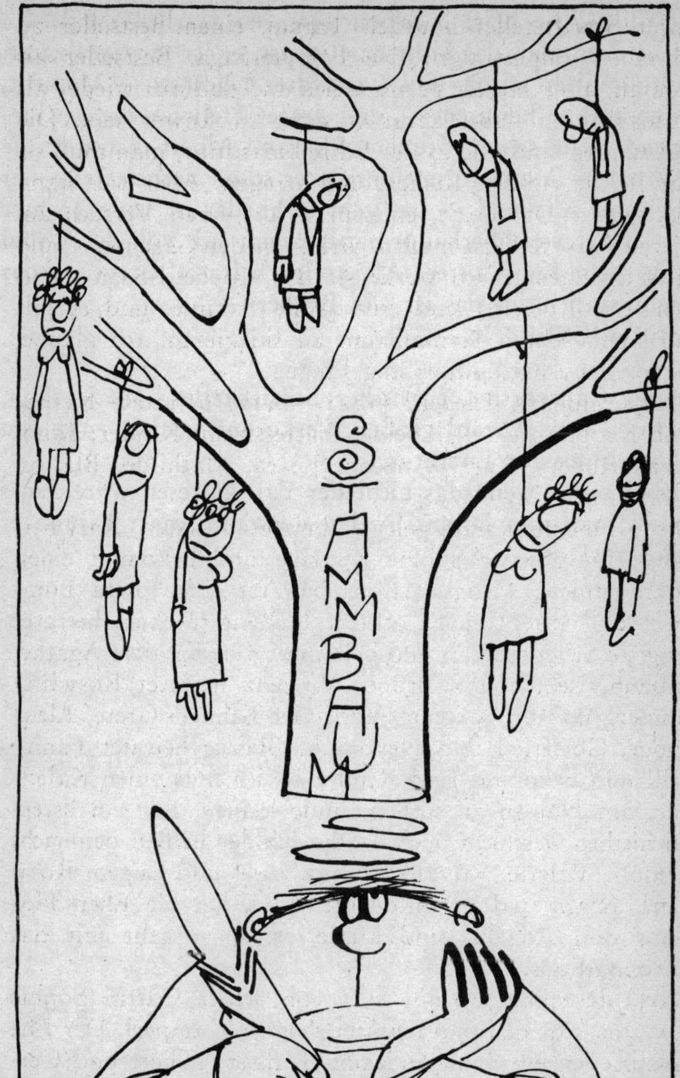
STAMMBAUM

gard —, sie heiratet einen gewissen Karl Riebeisl. Ich sehe eben, daß das nicht möglich ist, er ist ihr Großvater. Großmutter stirbt, und Großvater heiratet — Moment, wen soll er heiraten —, er heiratet Heliane, die geschiedene Frau seines Bruders Florian. Albert heiratet die Wrbal — Moment, mit der ist er schon verheiratet — er heiratet Adelheid — das geht nicht, das ist seine Tochter — er heiratet überhaupt nicht, trennt sich von der Wrbal und geht ins Kloster. Alexander heiratet Grete — das geht auch nicht, das ist sein Bruder —
Hilfe!!!!!!!!!!!!!!!!

John Galsworthy, englischer Schriftsteller, 1867—1933, schrieb eine Anzahl großer Werke und erhielt 1932 den Nobelpreis für Literatur.
Aber selbst wenn das nicht der Fall gewesen wäre, eines muß man ihm lassen: in der Verwandtschaft kannte er sich aus!

Apropos Verwandtschaft! Kritisieren Sie niemals die Verwandtschaft Ihrer Frau. Erinnern Sie sich: Sie haben sie sich selbst ausgesucht. Wenn es früher, als ich noch Idealist war, an meine Tür klopfte, dachte ich: »Das ist das Glück.« Heute weiß ich, es ist die Verwandtschaft.

Mein Neffe Ladi

Meine Frau rief aus dem Vorzimmer: »Ladi ist da!«
Ladi ist nicht nur mein siebenjähriger Neffe, sondern auch die Abkürzung von »Ladislaus«. So hießen einige ungarische Könige, die mit unserer Familie weder verwandt noch verschwägert waren. Und Ladi hieß auch nicht Ladi, sondern Heinz. Da aber »Ladi« das erste Wort war, das seine damals noch unschuldig-kindlichen Lippen formten, nannte ihn seine Mutter ab diesem Tag »Ladi«. So rufen ihn auch alle Verwandten und Bekannten »Ladi«, bis auf seinen Vater, der ihn immer mit »Was-hast-du-schon-wieder-angestellt-du-Lausbub« begrüßt.
Ladi war ein hübscher Junge und ein Kind seiner Zeit. An seinem letzten Geburtstag schenkte ich ihm ein Atomstrahlengewehr, wie man es heute in allen Spielwarengeschäften zu kaufen bekommt. Ladi ging damit in den Park, wo seine rückständigen Kameraden Indianer und Trapper spielten. Wolfgang, der Trapper, richtete seine Pistole auf ihn und rief: »Bäng, bäng, du bist tot!« Aber Ladi dachte nicht im Traum daran, umzufallen. Er hob sein Strahlengewehr und sagte: »Zap, zap, du bist sterilisiert!«
Jetzt stand er im Zimmer. Ich wußte, weshalb er gekommen war. Er hatte in der Schule in Grammatik eine Fünf bekommen, und das ist bei uns in Österreich die schlechteste Note, über die wir verfügen. In anderen Staaten, in Venezuela zum Beispiel, reichen die Noten von eins bis zwanzig. Eine Zwanzig ist die beste Note, eine Eins die schlechteste. In Venezuela, behauptete Ladis Mutter, wäre er mit seiner Fünf immerhin ein durchschnittlicher Schüler. Daß er in Österreich leben muß, ist die Schuld seiner Eltern.
Aber Ladi war ein richtiger Lausbub. Sein Vater sagte einmal zu mir: »Ich gebe ihm jeden Morgen eine Ohrfeige. Wenn *ich* nicht weiß, warum — *er* weiß es!«
»Also?« fragte ich und legte mein Gesicht in strenge Falten. »Was gibt es?«
Ladi gestand treuherzig: »Ich habe in Grammatik eine

Fünf bekommen, und Papa schickt mich zu dir, damit du mir die Konjugation beibringst.«

Halb war ich stolz, daß mein Schwager mir solches zutraute, halb hätte ich ihm am liebsten eine Ohrfeige gegeben.

»Das mußt du mir genauer erklären«, meinte ich.

»Ich konnte das Wort ›Fahrrad‹ nicht konjugieren.«

»Das Wort ›Fahrrad‹ könnte ich auch nicht konjugieren«, gab ich gültig zu, »weil ›Fahrrad‹ ein Hauptwort ist, das man dekliniert. Nur Zeitwörter konjugiert man.«

»Das hat unser Lehrer auch gesagt, aber ich habe gesagt, ich kann auch Hauptwörter konjugieren, und da ist er bös geworden.«

Jetzt wußte ich es. Ladi war wieder einmal frech gewesen. Schon wollte ich auffahren, aber ich hielt mich zurück. Ich dachte an meine Frau, die immer sagt, Kinder haben sensible Nerven, mit denen man vorsichtig umgehen muß.

»Was liegt hier auf dem Schreibtisch?« fragte ich und zwang mich zur Ruhe.

»Pfeifentabak«, sagte Ladi.

»Richtig. ›Pfeifentabak‹ ist ein Hauptwort — wir deklinieren also: der Pfeifentabak, des Pfeifentabaks, dem Pfeifentabak, den Pfeifentabak. Hast du verstanden?«

»Ja«, sagte Ladi, »aber ich kann ›Pfeifentabak‹ auch konjugieren. Ich pfeife Tabak, du pfeifst Tabak, er pfeift Tabak — — «

»Sei still!« unterbrach ich ihn streng. »Das ist ein Unsinn. Ich werde dir jetzt eine Geschichte erzählen, wie *ich* als Kind das Konjugieren erlernte. Ich war im Sommer mit meinen Eltern in Laufen bei Ischl.«

»Ich laufe bei Ischl, du läufst bei Ischl, er läuft bei Ischl!« konjugierte Ladi vergnügt.

»Ruhe!« sagte ich bereits ziemlich gereizt und fuhr fort: »Wir lernten dort einen Herrn aus Wien kennen. Er wohnte hier auf dem Platz vorm Finanzamt.«

»Ich platz vorm Finanzamt, du platzt vorm Finanzamt, er platzt vorm Finanzamt!« warf Ladi sofort ein.

»Genug!« rief ich. Fast hätte ich auf den Tisch geschlagen, als mir zum Glück noch rechtzeitig die verdammte Sensibilität des kindlichen Nervensystems einfiel. »Der Herr war immer sehr gut gekleidet, und besonderen Eindruck machten auf mich seine mausgrauen Handschuhe.«
»Ich maus graue Handschuhe, du maust graue Handschuhe, er maust graue Handschuhe — —«
Jetzt schlug ich auf den Tisch und auch meine Stimme klang lauter, als ich fortsetzte: »Er hatte eine berühmte Antiquitätensammlung, und als wir wieder in Wien waren, lud er meine Eltern und mich zum Mittagessen ein, um uns diese Sammlung zu zeigen. Zuerst gab es Braten mit Wirsingkohl — —«
»Wir singen Kohl, ihr singet Kohl, sie singen Kohl!«
Ich beschloß, ihn zu ignorieren. »Dann Grießpudding —«
»Ich grüß Pudding, du grüßt Pudding, er grüßt Pudding!«
»Und dann zeigte er uns seine Sammlung«, erzählte ich weiter, während ich die Zähne zusammenbiß und meine Fingernägel in die Handflächen bohrte. »Der Mann besaß zwei der ältesten Stehlampen.«
»Ich stehl Lampen, du stiehlst Lampen, er stiehlt Lampen!«
»Ich stehle keine Lampen!« schrie ich und sprang auf.
»Ich konjugiere ja nur!« verteidigte sich Ladi.
Ich fühlte, wie der Herzinfarkt nach mir griff.
»Willst du mir zuhören? Ja oder nein?«
»Ja.«
Ich beruhigte mich langsam. »Endlich zeigte er uns das Glanzstück seiner Sammlung: eine Spieldose.«
»Ich spiel Dose, du spielst Dose, er spielt Dose . . .«
»Schweig!« brüllte ich so laut, daß meine Frau aus dem Nebenzimmer kam. Ich faßte Ladi an beiden Schultern, schüttelte ihn und schrie: »Es war ein japanisches Kunstwerk aus Nagasaki!!!«
»Ich nag a Sacki, du nagst a Sacki, er nagt a Sacki!«
»Schau, wie er es schon kann!« rief meine Frau freudig überrascht.
Ich tobte. »Nichts kann er! Er soll gehen! Hinaus! Ich enterbe ihn!«

Ladi verflüchtigte sich. Meine Frau sah mich vorwurfsvoll an.
»Mußtest du so schreien?« fragte sie. »Weißt du nicht, wie sensibel die Nerven eines Kindes sind?«

Seit einigen Tagen trage ich einen Kopfverband. Seien Sie niemals unfreundlich zu einem Kind. Erstens hat es sensible Nerven, und zweitens könnte es Ihnen einen Stein nachschleudern.

Wenn zwei sich streiten, freut sich der dritte. Besonders, wenn er Rechtsanwalt ist.
Jus ist ein hartes Studium. Ein österreichischer Anwalt z. B. muß vor allem die deutsche Sprache beherrschen.
Und doch: wenn man etwas liest, das man nicht versteht, hat es meist ein Anwalt geschrieben.

Dr. Robinson

Wenn die Tüchtigkeit eines Anwalts von der Einnahme abhängt, die er erzielt, ist Dr. Robinson einer unserer Tüchtigsten. Geldverdienen geht ihm über alles. Eines Tages schickte er mir eine Note: »Über die Straße gegangen, um Sie zu begrüßen, gesehen, daß es ein anderer ist — S 200,—«

Gestern traf ich ihn im Kaffeehaus. Ich hatte ein Säckchen mit drei Orangen bei mir.

»Was haben Sie da?« fragte Robinson.

»Orangen«, sagte ich. »Sie wissen, daß ich längere Zeit in Spanien gelebt habe. Nun hat mir einer meiner spanischen Freunde, ein Orangenexporteur, eine Kiste Orangen geschickt. Davon schenke ich diese drei meinem Schwager, dem Südfrüchtehändler, damit er sie auf ihren Geschmack prüft. Ich möchte die beiden gern ins Geschäft bringen.«

Dr. Robinson sah mich fassungslos an.

»Schenken?« fragte er. »Sie wollen Ihrem Schwager die Orangen *schenken?«*

»Ja«, sagte ich unschuldig.

»Da seien Sie bloß vorsichtig!« warnte mich Robinson. »Folgen Sie meinem Rat, machen Sie das schriftlich, sonst könnten Sie später einmal große Unannehmlichkeiten haben.«

Ich konnte mir nicht erklären, was mir die drei Orangen für Unannehmlichkeiten machen könnten und sagte ihm das auch. Robinson sah mich mitleidig an. Er erzählte mir Fälle aus seiner Praxis und in einer Stunde hatte er mich soweit. Er setzte einen Akt auf — Kostenpunkt S 1000,—, der folgendermaßen lautete:

»Ich, Hugo Wiener, Schriftsteller, geb. in Wien am 16. Februar 19 ..«, hier war die Schrift etwas undeutlich, »als Sohn des Wilhelm und der Berta Wiener, geb. Gerstl, österreichischer Staatsbürger, verheiratet, wohnhaft in Wien 19, Schmiedgasse 1, 1. Stock, Tür 2, erkläre laut dieses Dokumentes, daß ich Herrn Walter Goldmann, Großimporteur, geb. in Wien am 10. März 1924 als Sohn des Karl und der Theresia Goldmann, geb. Silbermann,

österreichischer Staatsbürger, verheiratet, wohnhaft in Wien 5, Margaretenstraße 201, 1. Stock, Tür 6, alle meine Rechte und Ansprüche an den ihm übergebenen drei Orangen, einschließlich ihrer Schale, Haut und Kerne, sowie alle Rechte und Interessen, die meine Nachkommen, seien es direkte oder indirekte, beanspruchen könnten, übertrage, mit der ausdrücklichen Vollmacht, besagte Orangen zu schälen, zu zerteilen, zu beißen, zu schlucken, ihren Saft auszupressen, sie in jeder Form zu essen, die dem Beschenkten passend erscheint, ohne irgendwelche Verantwortung, die dieser Vorgang auf seine Verdauung (Magen, Galle, Blind-, Dick- oder Dünndarm) haben könnte, zu übernehmen.

Gleichzeitig erteile ich Herrn Walter Goldmann das Recht, besagte Orangen, einschließlich ihrer Schale, Haut und Kerne, zu verschenken, zu verkaufen, sie in irgendeiner Form zu zedieren, zu vererben, sei es im Ganzen oder stückweise, ohne daß ich dafür einen Anspruch auf Vergütung, in welcher Form immer, zu stellen berechtigt bin.

Ich erkläre, alleiniger Besitzer der drei übergebenen Orangen zu sein, einschließlich ihrer Schale, Haut und Kerne, und daß keine Person das Recht hat, diese meine Schenkung anzufechten oder für ungültig zu erklären.

Wien, am 2. April 1974. Unterschrift des Anwalts:
Unterschrift der Parteien:
Unterschrift zweier Zeugen:

Die amtliche Stempelgebühr von S 20,— ist von der beschenkten Partei zu bezahlen.

Es begab sich, daß zwischen Himmel und Hölle eine Fensterscheibe zerbrochen wurde, und Satan ging hin und schrieb einen Brief an Petrus: »Auf Anraten unserer Anwälte teilen wir Ihnen mit, daß die Glaserkosten zu Ihren Lasten gehen.« Und Petrus, der Hüter des Himmels, gab seine Antwort kund: »Da es bei uns im Himmel keine Anwälte gibt, erklären wir uns mit der Übernahme der Kosten einverstanden.«

Die Welt ist klein. Deshalb steigen die Menschen einander so oft auf die Füße.

Onkel Berger

Berger war Onkel. Berger war weder der Onkel meiner Frau noch mein Onkel. Berger hatte überhaupt weder Nichten noch Neffen. Berger war Briefkastenonkel einer illustrierten Wochenzeitung.
Er hatte sich seine Zukunft anders vorgestellt. Als er mit achtzehn Jahren Journalist wurde, sah er sich als Chefredakteur eines unabhängigen Blattes, als Korruptionsbremser, den Regierung und Opposition gleichermaßen fürchteten.
Es kam anders. Es gibt Menschen, die vom Schicksal nicht zermalmt, aber dauernd gezupft werden. Wenn einem solchen ein Stein vom Herzen fällt, fällt er ihm bestimmt auf die Zehen. So ein Mensch ist Berger. Trotzdem versieht er seit zwanzig Jahren still und verantwortungsbewußt seinen Dienst. Er hat immerhin seine eigene Rubrik »Der Briefkastenonkel antwortet«, und wenn ihm jemand schreibt: »Lieber Briefkastenonkel! Wie male ich am besten meine Küche aus?«, dann setzt er sich mit sämtlichen Malern — vom Anstreicher bis zu Hundertwasser — in Verbindung, ehe er seinen Rat erteilt.
Und doch gab es eines Tages einen Skandal.
Berger hatte auf eine Zuschrift: »Ich leide an Karies. Womit soll ich meine Zähne putzen?« folgende Antwort gegeben: »Putzen Sie Ihre Zähne mit ›Schwarzpunkt-Zahnpasta‹. Die Fabrik besitzt Dankschreiben von zahllosen Kunden.«
Nun geschah es, daß Satan seinen gewiegtesten Druckfehlerteufel mit der Sache befaßte, so daß Bergers Antwort, wie folgt, erschien: »Putzen Sie Ihre Zähne mit ›Schwarzpunkt-Zahnpasta‹. Die Fabrik besitzt Dankschreiben von zahnlosen Kunden.«
Die Folgen: 1. Beschwerde, Klageandrohung und Schadenersatzansprüche der »Schwarzpunkt-Zahnpasta Corp.«, verbunden mit der sofortigen Einstellung des wöchentlichen Ganzseiteninserates. 2. Nachweis der Begünstigung. Die »Schwarzpunkt-Zahnpasta Corp.« erbringt den Beweis, daß ihr größter Konkurrent, die »Weißpunkt-Zahnpasta Corp.«, das Eigentum von Bergers Schwiegervater

ist. 3. Berger wird zum Chefredakteur gerufen, der, Bergers Ansicht nach, in dem eigentlich ihm zustehenden Stuhl sitzt. Deshalb 4. Krach und Entlassung. Berger soll noch die nächste Nummer herausbringen und dann, unter Wahrung seiner Rechte, in Pension gehen.

Berger ging, aber vorher übte er fürchterliche Rache. Die letzten Antworten des Briefkastenonkels sahen folgendermaßen aus:

Kinderreiche Familie: Sie fragen, was heutzutage die billigste Leckerei ist? Eine Zwanzig-Groschen-Marke.

Modefee: Sie wollen wissen, ob Sie die Kleider lang tragen sollen? Tragen Sie sie so lang wie möglich, neue Kleider sind sehr teuer.

Teenager: Sie sind fünfzehn Jahre alt, waren vorige Woche mit Ihrem Freund bis vier Uhr früh aus, hatten Krach mit Ihrer Mutter und fragen nun, ob Sie etwas Unrechtes getan haben. Versuchen Sie, sich daran zu erinnern.

Ehefrau: Sie erkundigen sich, wie Sie Ihrem Mann das Schnarchen abgewöhnen können. Versuchen Sie es mit Geduld und Freundlichkeit. Nützt das nichts, dann stopfen Sie ihm einen alten Socken in den Mund.

Rentner: Ob Sie sich ein Hobby zulegen sollen? Natürlich sollen Sie das! Sammeln Sie blaue Flecken. Schon die einmalige Benützung der Straßenbahn gibt Ihnen die Möglichkeit dazu.

Unglücklich: Sie fragen, warum die Mädchen die Augen schließen, wenn Sie sie küssen. Schicken Sie uns Ihr Foto.

Bergers Rache hatte wieder zwei Folgen: Berger ist glücklich — die Zeitung ist eingegangen.

Sobald der Sommer hereinbricht, gibt es keine Menschen mehr. Nur noch Touristen erster und zweiter Klasse.
Und alle Touristen haben den einen Wunsch: einen Ort zu finden, an dem es keine Touristen gibt.
Viele Touristen reisen mit Familie. Sie sind nicht zufriedenzustellen. Im Hotel wünschen sie heimische Atmosphäre und zu Hause Hotel-Service.
Meine Frau und ich verbringen unsere Ferien seit Jahren in Baden bei Wien.
Heuer wollte sie eine Ausnahme machen. Sie träumte von einer

Traumreise

Ich kam hungrig nach Hause. Meine Frau saß über einem Kreuzworträtsel.

»Weißt du, wohin wir heuer im Sommer fahren werden?« fragte sie.

»Nach Baden bei Wien, wie immer.«

»Falsch. Wir werden eine Traumreise machen. Nach Nepal!«

Ich stand da, wie eine Lampe ohne Schnur.

»Wieso nach Nepal?« fragte ich besorgt. Besorgt, weil ich dachte, sie könnte momentan den Verstand verloren haben.

»Weil ich mich hier an diesem Preisausschreiben beteilige«, sagte sie und zeigte mir eine Illustrierte. »1. Preis: eine Flugreise für zwei Personen nach Nepal, verbunden mit einem vierwöchigen Ferienaufenthalt in einem Luxushotel. Ich habe bloß dieses Kreuzworträtsel zu lösen und die richtige Lösung bis zum 30. April einzusenden.«

»Aber Kind!« sagte ich. Ich sage immer »Kind«, wenn ich besorgt bin. »Aber Kind! Weißt du, wie viele Menschen dieses Rätsel lösen und die richtige Lösung einsenden werden? 100 000!«

»Mehr!« sagte sie ruhig.

»Und nur eine dieser Lösungen wird gezogen.«

»Meine. Mir stimmt nur noch einiges nicht. Zum Beispiel hier, senkrecht: Stadt in Thüringen — Jena. Aber dann hieße hier, waagrecht, Theaterabteil Loje, und es müßte doch Loge heißen.«

»Weil die Stadt in Thüringen nicht Jena, sondern Gera heißt.«

»Bist du sicher?«

»Ganz sicher. Und jetzt gehen wir essen.«

»Nur eines noch: Dichter, 1883—1924, lebte in Wien, Schilderung psychologischer Probleme. Erster Buchstabe K — ich habe Kruse geschrieben.«

»Kruse war eine Kunstgewerblerin und erzeugte Puppen. Der Dichter heißt Kafka.«

»Ah!« strahlte sie. »Dann heißt der Vogel, der seine Eier in fremde Nester legt, nicht Kackack, sondern Kuckuck!«

»Wahrscheinlich!« Ich begann, gereizt zu werden.
»Kaiserstuhl?« Sie sah mich an.
»Thron!« antwortete ich, ohne zu überlegen.
»Eben nicht!« Sie triumphierte. »Ich habe im Lexikon nachgeschlagen: Gebirge. Und zwar in der Oberrheinischen Tiefebene. Infolge teilweiser mächtiger Lößbedekkung und großer Sonnenwärme sehr fruchtbar.«
»Erstaunlich!« knurrte mein Magen. »Gehen wir essen!«
»Sofort! Nur noch das da: Maler und Baumeister, 1481 bis 1537, Villa Farnesina in Rom. Sieben Buchstaben, der erste ist P, der letzte I.«
Ich beschloß, die Sache abzukürzen.
»Penetti!« sagte ich. Ich hatte den Namen nie zuvor gehört.
»Dann heißt der Mörder Cäsars Brubes?«
»Klar!« Ich verabschiedete mich von der Traumreise. Aber was bedeutete mir Nepal gegen die Leberknödelsuppe, die ich im Vorzimmer gerochen hatte?
»Und der Wiener Volkskomponist heißt Schrammeb?«
»Natürlich. Hast du noch nie von einem ›Schrammeb-Quartett‹ gehört?«
»Und ein indisches Gewand ist ein Zmzrptuu?«
»Wenn es für einen Mann gehört«, belehrte ich sie. »Ein Frauengewand heißt Zmzrptaa.«
»Und eine altlibanesische Flöte mit N am Anfang? Drei Buchstaben?«
»Num.«
»In der Mitte ist aber ein E.«
»Dann Nem. Das ist aber eine kleine Flöte.«
Der Duft der Leberknödelsuppe schlich sich ins Zimmer.
»Dann sind noch drei Wörter da, ohne Angaben. Die muß man nicht nur erraten, man muß auch wissen, was sie bedeuten sollen. Wenn alles richtig ist, was du gesagt hast, heißt das erste Krcztipetl.«
»Das ist ein Berg in Mexiko. Das zweite?«
»Zepleple.«
»Der Erfinder des ersten lenkbaren Luftschiffes.«
»Der hieß doch Zeppelin?«

»So nannte er sich. Aber er stammte aus dem vornehmen Geschlecht der Zepleples, und die Zepleples wollten keinen Erfinder in der Suppe« — ich korrigierte schnell —, »in der Sippe haben.«
»Dann haben wir nur noch eines: Krskrstechuan.«
»Das ist ein feuerspeiender Berg, geboren 1326, gestorben 1407.«
»Dann sind wir fertig!« sagte sie glücklich.

Sie sandte die Lösung pünktlich ein. Wir verbrachten den Sommer in Baden.

Haben Sie schon einmal gequizt? Ich meine, haben Sie schon einmal bei einem Quiz mitgemacht?
Es ist herrlich! Der Quizmaster fragt: »Können Sie mir sagen, wie spät es ist? Sie haben 30 Sekunden Zeit!«, und schon haben Sie ein Einfamilienhaus mit sämtlichen Installationen gewonnen. Und selbst wenn das nicht klappt — wenn sie z. B. keine Uhr bei sich haben —, kriegen Sie als Trostpreis noch immer ein Auto.
Das einzige ernstzunehmende Ratespiel gibt es nur noch bei einem gerichtlichen Verhör.
Aber wie lange noch? Bei uns in Österreich sind Bestrebungen im Gange, die ...
Sie werden es gleich lesen.

Das Justiz-Quiz

Gestern las ich es in der Zeitung: Das österreichische Strafgesetz soll reformiert werden, Geldstrafen sollen einen Teil der Haftstrafen ersetzen, der bisweilen rüde Ton der Herren Untersuchungsrichter soll entschärft werden, das Verhör mit den Angeklagten in kordialer Weise vor sich gehen.
In der Nacht hatte ich folgenden Traum: Meine Frau und ich saßen vor dem Fernsehschirm, wo wir ein Ratespiel à la Robert Lembkes »Was bin ich?« sahen. Nur daß statt Lembke ein Untersuchungsrichter hinter dem Tisch saß und ihm gegenüber, anstatt Marianne, Hans, Annette und Guido, zwei Beisitzerinnen und zwei Beisitzer Platz genommen hatten, alle fünf natürlich in Amtstracht. Der falsche Lembke hatte einige Sparschweinchen vor sich stehen sowie eine Art Kalender, auf dem die Ziffer 1 zu sehen war.
Freundlich blickte er in die Kamera: »Darf ich unseren ersten Gast bitten?«
Ein Mann trat ein, wie ich ihm nachts nicht begegnen möchte. Er schrieb seinen Namen auf eine Tafel — er hieß Woditschka —, auf der auch die Worte »angestellt« und »selbständig« standen. Vor das Wort »selbständig« machte er ein X, dann grinste er in die Kamera und setzte sich neben den Untersuchungsrichter, der ihm freundlich die Hand reichte.
»Sie sind Herr Woditschka aus Wien!« stellte er fest. »Welches Sparschwein wünschen Sie?«
Herr Woditschka wählte ein gestreiftes.
»Sehr klug!« meinte der Untersuchungsrichter. »Das bereitet Sie auf Ihre künftige Anstaltskleidung vor. Jetzt werden wir unseren Zuschauern noch zeigen, was für einen Beruf Sie haben.« Er schlug auf einen Gong — das Wort »Mörder« wurde eingeblendet, ohne daß es die Beisitzer sehen konnten. Dann setzte er fort: »Darf ich Sie noch bitten, Herr Woditschka, eine für Ihren Beruf charakteristische Bewegung zu machen?«
Woditschka nahm eine unsichtbare Hacke und schlug zu, so gut er konnte.

§ 1

Nun begann der 1. Beisitzer: »Sie sind selbständig, Herr Woditschka?«
»Ja.«
»Aber ich darf annehmen, daß Sie einen Beruf haben?«
»Ja.«
»Ich würde es zwar eher eine Berufung nennen«, wandte sich der Untersuchungsrichter an den Gast, »aber ich denke, wir könnten ›ja‹ sagen.«
»Ja.«
»Brauchen Sie«, setzte der 1. Beisitzer fort, »zu Ihrem Beruf eine Sonderausbildung?«
Herr Woditschka grinste. »Nein.«
Der Untersuchungsrichter warf eine Zehnschillingmünze in das gestreifte Sparschwein und schlug die Ziffer 1 um.
Nun kam die Reihe an die 1. Beisitzerin.
»Wenn Sie keine Berufsausbildung brauchen«, fragte sie, »so darf ich annehmen, daß das, was Sie machen, reine Talentsache ist?«
Herr Woditschka strahlte. »Ja!« sagte er.
»Und macht Ihnen das, was Sie machen, Freude?«
»Ja«, sagte Herr Woditschka, noch immer strahlend.
»Macht es auch anderen Menschen Freude?«
»Nein!« sagte Woditschka und schüttelte den Kopf.
Der Untersuchungsrichter gab wieder eine Zehnschillingmünze in das Sparschwein und schlug die Ziffer 2 um.
Jetzt kam der 2. Beisitzer dran.
»Sie sagen, daß Ihr Beruf anderen Menschen keine Freude macht. Ich gehe aber richtig in der Annahme, wenn ich sage, daß auch andere Menschen diesen Beruf ausüben könnten.«
»Ja!«
»Könnte zum Beispiel *ich* Ihren Beruf ausüben?«
Herr Woditschka sah den 2. Beisitzer abschätzend an und sagte dann: »Ja.«
»Und Sie glauben«, wollte der Beisitzer wissen, »daß er auch mir Freude machen würde?«
Fragend blickte Woditschka auf den Untersuchungsrichter.

»Ich würde ›nein‹ sagen«, meinte dieser, warf eine Münze in das Sparschwein und schlug die Ziffer 3 um.
Jetzt folgte die 2. Beisitzerin.
»Üben Sie Ihren Beruf in einem geschlossenen Raum aus?« fragte sie.
Der Untersuchungsrichter beriet sich leise mit seinem Gast, dann sagte er: »Es kommt darauf an. Herr Woditschka arbeitet sowohl in geschlossenen Räumen als auch im Freien.«
Die 2. Beisitzerin, besonders schlau, wechselte das Thema.
»Fertigen Sie etwas an?« erkundigte sie sich.
»Nein!« sagte Woditschka.
Der Untersuchungsrichter gab eine Münze in das Sparschwein und schlug die Ziffer 4 um.
Sie werden schon dahintergekommen sein, daß bei jedem »Nein« der Fragesteller wechselte. Nun war also wieder der 1. Beisitzer dran.
»Ich kann also ausschließen«, fragte er, »daß Sie Falschmünzer sind?«
»Ja«, sagte Herr Woditschka mit gutem Gewissen.
»Kommen die Leute, die sich für Ihre Arbeit interessieren, zu Ihnen?«
»Nein!« Herr Woditschka schüttelte den Kopf.
Der Untersuchungsrichter gab wieder eine Münze in das Sparschwein, das bereits einen beträchtlichen Bauch hatte, und schlug die Ziffer 5 um.
»Es ist also so«, meinte die nunmehr wieder drankommende 1. Beisitzerin, »daß Sie Ihre Interessenten aufsuchen?«
Woditschka zögerte.
»Darauf müßte man ›ja‹ und ›nein‹ sagen«, meinte der Untersuchungsrichter.
Die 1. Beisitzerin ließ nicht locker.
»Habe ich recht in der Annahme, daß Sie sich mit Ihren Kunden irgendwo außerhalb treffen?«
»Ja.«
»Kennen die Kunden diesen Treffpunkt?«
»Nein!«

Wieder eine Münze, die Zahl 6 wird umgeschlagen.
»Es ist also so«, versucht es nun der 2. Beisitzer, »daß die Kunden zufällig dorthin kommen, wo Sie sind?«
»Ja«, meinte Herr Woditschka.
»Sind Sie ein Wegelagerer?« fragte der 2. Beisitzer schnell, in der Meinung, er könne Woditschka umlegen.
Woditschka grinste. »Nein!« sagte er treuherzig.
Münze in das Schwein — Ziffer 7 verabschiedete sich.
Die 2. Beisitzerin setzte sich in Positur.
»Gehen die Kunden, die sich mit Ihnen getroffen haben, befriedigt fort?« fragte sie.
»Nein«, sagte Woditschka.
Münze in das Schwein — Ziffer 8 sagt adieu!
»Gehen *Sie* befriedigt fort?« fährt der 1. Beisitzer wieder los.
»Ja!« freut sich Woditschka und lacht in die Kamera, die groß auf ihn gerichtet wird.
Der 1. Beisitzer überlegt.
»Die Leute verlassen also den Platz nicht, an dem sie Sie getroffen haben. Verkaufen Sie Wohnungen?«
»Nein!« lacht Woditschka wieder. Die Kamera fährt zurück, der Untersuchungsrichter gibt eine Münze in das Schwein und schlägt Ziffer 9 um.
Die 1. Beisitzerin paßt, das Wort geht an den 2. Beisitzer über.
»Darf ich annehmen, daß Sie zur Ausübung Ihres Berufes ein Werkzeug benötigen?« fragt er.
»Ja«, sagt Woditschka, plötzlich gespannt.
Nun geht es Schlag auf Schlag.
»Ist es ein schweres Werkzeug?«
»Ja.«
»Ist es aus Holz und Eisen?«
»Ja.«
»Könnte ich ein solches Werkzeug in meiner Wohnung haben?«
»Ja.«
»Ist es eine Axt?«
»Ja!« freut sich Woditschka.

Auch der 2. Beisitzer ist sichtlich erfreut.
»Sie sind ein Mörder!« sagt er.
»Ja!« ruft Woditschka glücklich.
Die Beisitzer umarmen ihren Kollegen, als hätte er eben ein Tor geschossen.
Auch der Untersuchungsrichter ist befriedigt. »So nah seid ihr schon dran gewesen!« lobt er sein Team. Dann wendet er sich an Woditschka: »Wollen Sie uns, bitte, noch erklären, was die Bewegung bedeutet, die Sie anfangs gemacht haben?«
Woditschka hebt beide Arme. »Das Zuschlagen!«
»Aha! Danke, Herr Woditschka, hier haben Sie Ihr Sparschwein mit neunzig Schilling — und auf Wiedersehen bei der Verhandlung!«
»Auf Wiedersehen!« Er verbeugt sich linkisch und verläßt den Saal. Der Untersuchungsrichter wendet sich dem Eingang zu:
»Der nächste Gast, bitte!«

Heute habe ich es in der Zeitung gelesen: Wir bekommen eine neue Strafanstalt, in der man alles finden wird, was der zivilisierte Mensch benötigt. Swimming-pools, Badezimmer, Fernsehen, Fußball. Leider sind wir in Österreich. Man wird eine große Protektion brauchen, um da hineinzukommen.

Reden wir einmal vom Film.
Es gibt gute Filme, schlechte Filme und österreichische Filme.
Jean Cocteau sagte: »Einen wirklich guten Film kann nur einer machen, der nichts davon versteht.«
Wenn Cocteau recht hatte, müßten im nächsten Kapitel gleich drei gute Filme entstehen.
Sie können sich sofort davon überzeugen . . .

Der künstlerische Film

Filmleute haben immer recht. Besonders die Produzenten. Unser Freund, Arthur Rochnitzer, *ist* Produzent. Sein Autor heißt Losert, sein Regisseur Boltzmann. Bei seinem ersten Film nannte Boltzmann sich Boltz, bei dem zweiten — da der erste einen sensationellen Mißerfolg hatte — Mann. Für den dritten sucht er noch einen Namen.

Rochnitzer hatte es durch Sexfilme zu schlechter Presse und Millionen Schillingen gebracht. Nun ließ er sich überzeugen, daß es so nicht weitergehen könne und daß man etwas finden müsse. Und da man beim Film, wenn man etwas Neues sucht, immer das schon Dagewesene meint, war man sich bald einig: »Wir müssen wieder künstlerisch arbeiten. Wir drehen einen Mozart-Film.« Die Idee war geboren, was vor allem fehlte, war das Drehbuch.

Es war zehn Minuten vor Mitternacht. Rochnitzer, Losert und Boltzmann saßen seit Mittag im Büro des Produzenten. Sie hatten ihre Sakkos ausgezogen. In den Aschenbechern häuften sich die Zigarettenstummeln.

»Ich kann nicht mehr!« stöhnt Boltzmann. »Ich brauche Ruhe.«

»Wenn Sie Ruhe brauchen«, meint Rochnitzer, »gehen Sie am besten in das Kino, in dem man Ihren letzten Film spielt. Dort sind Sie allein.«

Losert wünscht keine vergiftete Atmosphäre.

»Seien wir lustig bei der Arbeit!« sagt er. »Wenn *wir* es nicht sind, wie sollen es die Kinobesucher sein. Und die Kinobesucher wollen lachen. Das wissen wir.«

»Stimmt!« gibt Rochnitzer gereizt zu. »Die Kinobesucher wollen lachen, aber sie können es nicht. Und warum nicht? Weil Ihre Drehbücher zu traurig sind.«

»Immer gehen Sie auf mich los!« schmollt Losert.

»Ich? Ich bin Ihr bester Freund. Ich wünsche Ihnen, daß Sie so alt werden wie Ihre Gags.«

Boltzmann wird ungeduldig.

»Kommen wir zum Thema. Ich schlage vor, das Mozart-Projekt zu verschieben und doch lieber einen Sexfilm zu drehen.«

Rochnitzer wirft ihm einen vernichtenden Blick zu.

»Das ist vorüber, Boltzmann.«
»Der Boß hat recht!« schlägt Losert sich auf die Seite des Stärkeren. »Was wir drehen wollen, soll lustig sein, aber exzeptionell.«
»Richtig, Losert. Ich habe mir vorgenommen, einen Film über Mozart zu drehen und dabei bleibt es. Schließlich erwartet man gerade von mir, daß ich etwas zum Kulturgeschehen beitrage. Etwas — wie haben Sie gesagt?«
»Exzeptionelles.«
»Das ist das Wort. Und da wollen *Sie*« — er blickt verächtlich auf Boltzmann — »einen Sexfilm drehen. Wieder einen Film mit nackten Mädchen. Wenn ich das sehen will, gehe ich in ein Nudistencamp.«
Losert greift das Wort sofort auf. Er ist dankbar für jeden Brocken einer Idee, den man ihm zuwirft.
»Nudistencamp! Können wir verwenden! Mozart war ein lustiger Knabe — und wenn der Erzbischof von Salzburg Donner und Blitz auf ihn herabwünscht, sagt Mozart: ›Ich fürchte den Blitz nicht, Eminenz! Denn wissen Sie, was schneller ist als der Blitz? Ein Nudist, der sich heißen Kaffee in den Schoß schüttet!‹«
Losert hält sich vor Lachen die Seiten, Rochnitzer schweigt, Boltzmann leidet.
»Ich finde«, sagt er, »daß man noch *einen* Sexfilm drehen könnte. Den letzten. Sie wissen, Boß, daß das meine Spezialität ist. Bei meiner letzten Premiere haben Sie als erster geklatscht.«
»Ich?«
»Ich habe genau gehört, daß der Applaus aus Ihrer Loge kam.«
»Das war kein Applaus, Boltzmann. Ich habe mich ins Gesicht geschlagen, damit ich wach bleibe.«
»Okay!« beruhigt Losert schnell. »Seien wir lustig bei der Arbeit. Schlagen wir noch einmal im Lexikon nach!« Er liest: »Mozart wurde am 27. Januar 1756 als Sohn — das ist schon lustig ›als Sohn‹ — als Sohn des Leopold Mozart und der Anna Mozart, geborene Pertl, in Salzburg geboren.«

Rochnitzer wird inspiriert. Ein gefürchteter Augenblick.
»Da haben wir schon den Beginn. Die Kamera fährt auf das Bett zu, in dem Mutter und Kind liegen — der alte Mozart ist im Nebenzimmer —«
»Und weiter?« fragt Boltzmann gespannt.
»Weiter! Soll ich den ganzen Film allein machen?«
»Ich sehe den Beginn anders: Salzburger Festspiele — heute. Wagenauffahrt, Mozarts ›Figaro‹ mit Karajan am Pult. Überblendung — aus Karajan wird Mozart. Während er dirigiert, denkt er an seine Geburt. Wir blenden die Zahl 1756 drüber, sehen das Bett mit Mutter und Kind. Schnitt: der alte Mozart ist im Bordell mit nackten Mädchen. Ein bißchen Sex müssen Sie mir lassen.«
Rochnitzer würdigt ihn keiner Antwort.
»Lesen Sie weiter, Losert.«
»Mozart war musikalisch ein wunderhaft frühreifes Kind — ›frühreif‹, etwas für Sie, Boltzmann —, mit dem der Vater bereits 1763 eine Konzertreise nach Westdeutschland machte.«
»Westdeutschland!« Rochnitzer ist begeistert. »Fühlen Sie das Zeitnahe dieses Stoffes, meine Herren? Abwanderung der Künstler nach Westdeutschland. Ist außerdem prima für den Verleih. Weiter!«
Die nahe Turmuhr schlägt Mitternacht.
Losert liest: »In Paris erscheinen vier Violinsonaten Mozarts in Druck. — Man könnte Paris zeigen — Offenbach — Toulouse-Lautrec —«
»Die hat es doch zu Mozarts Zeit noch gar nicht gegeben!« Boltzmann gibt auf. »Ich gehe. Meine Frau wartet seit acht mit dem Essen auf mich!«
»Bleiben Sie, ich setze fort: Mit der Oper ›Die Zauberflöte‹ hat Mozart einen neuen Typus geschaffen, was man aber erst viel später begriff.«
Sphärenmusik ertönt: das Glockenspiel aus der ›Zauberflöte‹.
Boltzmann hält sich die Ohren zu.
»Jetzt schaltet noch jemand das Radio ein! Ich kann nicht mehr!«

»Guten Abend, Messieurs.«
»Guten Abend«, antworten die drei mürrisch, ohne sich umzusehen.
»Kann ich den Messieurs vielleicht helfen?«
»Stören Sie uns nicht!« schreit Rochnitzer. Als Produzent hat er das Recht zu schreien. »Sehen Sie nicht, daß wir arbeiten?«
»Mein Name ist Wolfgang Amadeus Mozart . . .«
»Was?!?« Die drei reißt es herum. Sie blicken starr zur Tür.
»Wir haben die Messieurs vom Himmel aus beobachtet«, meint Mozart bescheiden, »der Schikaneder und ich. Und weil uns die Messieurs gar so arg leid getan haben, haben wir es den andern erzählt — und da hat der Hochwerte Herr Geheime Rat von Goethe gemeint, ob ich den Messieuers nicht mit Rat und Tat zur Seite stehen möchte. Natürlich nur, wenn es den Messieurs recht ist . . .«
»Selbstverständlich! Nehmen Sie Platz! Whisky? Zigaretten? Oder etwas Süßes: Mozartkugeln?«
Die drei bemühen sich um ihn, schleppen einen Stuhl herbei. »Setzen Sie sich!«
»Vielen Dank! Wir im Himmel haben nämlich auch unsere Filme. Und weil es da einen gibt, der sich mit meinem bescheidenen Erdenleben befaßt, dachte ich, ich könnte den Messieurs das Drehbuch unterbreiten.«
»Unterbreiten Sie, unterbreiten Sie!« strahlt Rochnitzer.
»Nur noch eine Frage: Wo werden die Filme im Himmel aufgeführt?«
»Im Wolkenpalast. Das ist ein riesenhaftes Gebäude, in dem einige Millionen Seelen Platz haben. Geschäftsführer ist ein Herr, der hier unten bei der KIBA war.«
»Das habe ich mir gedacht. Wie hoch ist bei Ihnen die Steuer?«
»Wir haben keine Steuer.«
»Haben Sie gehört, meine Herren? Die lassen einen erst leben, wenn man tot ist.«
»Darf ich jetzt lesen?«
»Lesen Sie, junger Mann!«

»Nur zur Erklärung: Der Film beginnt mit meiner Geburt —«
Alle drei, wie aus einem Mund:
»Meine Idee!«
»Und«, setzt Mozart fort, »zeigt einem hochgeschätzten Publico mein sorgenvolles Dasein, bis zu meiner Bestattung im Massengrab.«
»Wunderbar!« Losert ist enthusiasmiert. »Das ist der fröhliche Film, der uns immer gefehlt hat! Lesen Sie, bitte!«
Mozart schlägt das mitgebrachte Manuskript auf und beginnt:
»Wolfgang Amadeus Mozart. Ein Film der ›Paradise-Picture Corp‹. Drehbuch: William Shakespeare, Musik: (nach Motiven von W. A. Mozart) von Ludwig van Beethoven, Orchestration und musikalische Leitung: Johann Sebastian Bach, Dialoge: Franz Grillparzer, Kostüme: Rembrandt, Bauten: Fischer von Erlach, Innendekoration: Tintoretto, Produktionsleitung: Max Schapira.«
»Endlich ein bekannter Name!« meint Rochnitzer. »Lesen Sie weiter.«
»1756 . . .«
»Das dauert mir zu lang!« Boltzmann steht auf. »Meine Frau wartet.«
»Bleiben Sie!« Losert hält ihn zurück. »Jetzt wird's doch erst lustig!«
»Ich werde den Film in kurzen Zügen erzählen, um den Messieurs nicht die Zeit zu stehlen. In der ersten großen Szene habe ich die Ehre, mich vor Ihrer Majestät, der Kaiserin Maria Theresia, produzieren zu dürfen.«
»Das geht nicht«, bedauert Rochnitzer. »Maria Theresia war zu oft im Fernsehen: ›Ungarische Hochzeit‹, ›Baron von Neuhaus‹, ›Reiter der Kaiserin‹, ›Freiherr von der Trenk‹ — was wir brauchen, sind neue Gesichter.«
Losert hat eine Lösung.
»Wir verlegen die Szene in den Prater. Prater ist immer lustig. Statt der Maria Theresia zeigen wir das Riesenrad . . .«

»Das ist doch nicht möglich«, wendet Mozart ein.
»Sie haben keine Ahnung, was im Film alles möglich ist. Wie geht's weiter?«
»Es folgt meine italienische Reise . . .«
»Uninteressant!« unterbricht Rochnitzer. »Italien kann man nicht mehr zeigen, wo heutzutage im Sommer alles nach Caorle und Rimini fliegt.«
»Das stimmt!« pflichtet Losert ihm bei. »Außer Sie haben eine Rolle für ein italienisches Starlet. Das werden wir sowieso brauchen. Mit Ihrer Musik allein werden wir kein Geschäft machen.«
»Ich weiß aber gar nicht, was das ist — ein Starlet?«
Rochnitzer amüsiert sich.
»Ein Ignorant«, ärgert sich Boltzmann. »Er soll weiterlesen. Bitte!«
»Ich komponiere den ›Titus‹ . . .«, sagt Mozart eingeschüchtert.
»Nichts mit Jugoslawien!« stellt Rochnitzer ihn ab. »Haben Sie gar nichts erlebt? Keine Liebe?«
»Oh, viel Liebe!« lächelt Mozart. »Da gibt es zum Beispiel eine Szene in dem Film, in der ich Konstanze Weber, meine spätere Frau, zum erstenmal zum Tanz führe.«
»Endlich etwas Brauchbares!« meint Boltzmann. »Der Tanz findet in einer Bar statt — Striptease-Einlage — ›Bolero‹ von Ravel —«
»Ich habe doch meine eigene Musik!« Mozart trällert das Menuett aus »Don Juan«: »Tra lalalala la lala!«
»Das ist nichts für uns. Wir brauchen Schlager. Erzählen Sie weiter!«
»Dann kommt die schöne Zeit, in der ich mit Schikaneder die ›Zauberflöte‹ schreibe.
»Flöten sind nicht gefragt«, sagt Rochnitzer. »Wir nehmen eine Beat-Gruppe, das gibt etwas her! Kommune, Rauschgift, nackte Mädchen!«
Boltzmann beginnt zu leben.
»Das wollten Sie doch nicht! Das ist doch wieder ein Sexfilm!«
»Na und?« meint Rochnitzer. »Schlecht? Wir entdecken

einen Nachwuchsstar — eine zweite Liza Minelli — statt Konstanze nennen wir sie Susan — das Ganze spielt in einem Cabaret der dreißiger Jahre — Nostalgie — alte Schlager —« Er singt, die andern fallen ein: »Es geht die Lou lila, von Kopf bis Schuh lila —«
Mozart springt auf.
»Das erlaube ich nicht! Ich ziehe meine Musik zurück!«
Rochnitzer läuft rot an:
»*Sie* ziehen Ihre Musik zurück? Sie sind ja größenwahnsinnig! Schauen Sie, daß Sie hinauskommen!«
»Aber, Monsieur . . .«, stammelt Mozart.
»Hinaus!« schreit Rochnitzer.
Mozart resigniert.
»Wie Sie wünschen. Meine Reverenz, Messieurs!« Er löst sich in nichts auf.
Rochnitzer ist außer Atem.
»Ich sage immer, man soll mit Dilettanten nichts anfangen.«
»Was machen wir jetzt ohne die Mozart-Musik?«
»Das überlassen Sie mir. Wir blasen das Mozart-Projekt ab und drehen einen Schubert-Film.«
»Einen Schubert-Film?« staunen die beiden andern.
»Ja. Wir nennen ihn ›Josefine Mozartbacher‹ und nehmen die Christine Schubert!«

Filmleute haben immer recht. Besonders die Produzenten.

Ein sehr, sehr kluger Mann hat einmal gesagt:
»Gute Freunde in einflußreichen Positionen nützen nicht. Man muß schon glücklich sein, wenn sie nicht schaden.«

(Hugo Wiener, 1974)

Protektion

Reichmann war Autor. Reichmann hatte ein Manuskript fertig und besaß viele gute Freunde im Fernsehen. Reichmann war akkreditiert. Er benötigte keine Protektion, aber es fiel ihm leichter, Freunden etwas anzubieten, als Fremden. Also begab er sich zu ihnen.

Er fuhr in den 6. Stock, wo der Fernsehdirektor persönlich seinen Sitz hatte. Er hatte sich telefonisch angemeldet und wurde sofort empfangen.

»Reichmann!« kam ihm der Direktor mit offenen Armen entgegen. »Daß man Sie wieder einmal sieht! Bringen Sie uns etwas?«

»Ja!« sagte Reichmann glücklich. »Es ist eine sehr lustige Sache, und zwar handelt es sich um — —«

»Reichmann«, unterbrach ihn der Direktor mit leisem Vorwurf in seiner sonoren Stimme. »Sie werden mir doch Ihr Manuskript nicht erzählen wollen! Selbst wenn es nicht so erstklassig wäre, wie es sicherlich ist — wir sind doch Freunde. Fahren Sie mit dem Lift in den fünften Stock hinunter, in die Unterhaltungsabteilung. Ich werde inzwischen den Unterhaltungschef anrufen.«

Reichmann fuhr.

Der Fernsehdirektor rief an: »Reichmann kommt! Trachtet, daß ihr ihn loswerdet!«

Reichmann trat ein. Der Unterhaltungsboß kam ihm mit offenen Armen entgegen.

»Reichmann!« sagte er. »Ich habe bereits gehört, daß Sie uns etwas bringen!«

»Ja!« sagte Reichmann glücklich. »Es ist eine sehr lustige Sache, und zwar handelt es sich — —«

»Aber Reichmann!« sagte der Unterhaltungsboß. »Worum es sich handelt, ist doch nicht wichtig! Wenn es aus Ihrer Feder kommt, ist es sicherlich gut. Außerdem sind wir doch Freunde! Ich weiß allerdings nicht, wie es mit den Finanzen steht. Fahren Sie in den vierten Stock zu unserem finanziellen Leiter. Ich rufe inzwischen an.«

Reichmann fuhr.

Der Unterhaltungsboß rief an: »Reichmann im Anzug! Unbedingt abwimmeln!«

Reichmann trat ein. Der kommerzielle Leiter kam ihm mit offenen Armen entgegen. »Reichmann!« sagte er gerührt. »Es ist eine Freude, Sie wieder einmal zu sehen! Was bringen Sie uns?«
»Eine sehr lustige Sache, die — —«
»Ich weiß, daß Ihre Sachen lustig sind«, unterbrach ihn der kommerzielle Leiter. »Um so trauriger sind unsere Finanzen. Aber das ordne ich. Schließlich sind wir doch gute Freunde. Die Frage ist nur, ob wir ein Studio bekommen. Fahren Sie mit dem Lift in den dritten Stock hinunter und reden Sie mit dem Studioleiter.«
Reichmann fuhr.
Der kommerzielle Leiter rief an: »Reichmann kommt! Unter allen Umständen zurückwerfen!«
Reichmann trat ein. Der Studioleiter kam ihm mit offenen Armen entgegen. »Reichmann!« sagte er ergriffen. Aus seinem rechten Auge quoll eine Träne. »Ich höre, Sie bringen uns etwas?«
»Ja«, sagte Reichmann, bereits etwas gedrückt. »Eine sehr lustige Sache — —«
»Das ist gerade das, was wir suchen!« unterbrach ihn der Studioleiter. »Nur schade — wir haben in den nächsten Jahren kein Studio frei. Aber das schaffe ich schon. Für einen so guten Freund! Fahren Sie mit dem Lift in den zweiten Stock hinunter ins Besetzungsbüro. Wir wollen doch Ihr Werk erstklassig herausbringen.«
Reichmann fuhr.
Der Studioleiter rief an: »Reichmann dringt vor: Alles an die Front!«
Nichtsdestoweniger wurde Reichmann vom Besetzungschef mit offenen Armen empfangen.
»Reichmann!« rief er aus. »Endlich wieder einmal! Ich habe mit Freuden gehört, daß wir ein Manuskript von Ihnen bekommen!«
»Ja«, sagte Reichmann schwach. »Eine sehr lustige — —«
»Das versteht sich doch bei Ihnen von selbst. Wir müssen natürlich für die beste Besetzung sorgen. Wen wollen Sie?«

»Vor allem sechs gute Komiker.«

»O je!« bedauerte der Besetzungschef. »Die sind alle in der Serie *»Nichts zu lachen!«* beschäftigt. Aber ich werde sehen, daß ich sie freikriege. Wir sind doch so gute Freunde! Fahren Sie mit dem Lift — —«

»In den ersten Stock«, fuhr Reichmann fort, »dort ist der Programmleiter, wir müssen erfahren, ob er einen Sendetermin frei hat.«

»Richtig!«

Reichmann fuhr.

Der Besetzungschef rief an: »Reichmann kommt! Ausharren bis zum Endsieg!«

»Reichmann!« rief der Programmleiter. Er drückte Reichmann bewegt die Hände. »Sie bringen uns ein Manuskript.«

»Ja«, stammelte Reichmann gebrochen. »Lustige Sache, die — —«

»Ich weiß, ich weiß. Ich habe zwar momentan keinen Sendetermin, aber für einen so guten Freund muß etwas geschehen. Der Direktor wird umdisponieren. Fahren Sie mit dem Lift in den sechsten Stock und reden Sie mit ihm.«

Reichmann fuhr nicht. Er verließ das Gebäude.

Draußen traf er einen Bekannten.

»Reichmann!« rief der ihm zu. »Warum sieht man nichts mehr von Ihnen im Fernsehen?«

Reichmann antwortete:

»Ich habe dort zu viele Freunde!«

Die Darwinsche Behauptung, daß der Mensch vom Affen abstammt, ist umstritten. Ob mit Recht? Ich kenne gerade heute viele Menschen, die vom Urwaldbaum direkt in den Cadillac gesprungen zu sein scheinen.

Tarzan in Wien

Ich traf Tarzan im Speisesaal des Hotels Sacher. Er saß allein an einem Tisch und nagte — es gibt nichts, was man im Sacher nicht bekommt — an einer Löwenkeule. Er trug einen Anzug aus Leopardenfell, um den Hals hatte er eine Kette aus Tigerzähnen geschlungen, das gelockte Haar reichte bis zu den Schultern — er fiel also nicht weiter auf.
Ich näherte mich ihm.
»Du — Tarzan?« fragte ich zögernd.
Tarzan stieß seinen berühmten Urwaldschrei aus. Die Gäste fuhren erschrocken zusammen, sahen sich unwillig nach uns um, schüttelten dann indigniert die Köpfe und aßen weiter. Eine alte Exzellenz mokierte sich: »So etwas hätte man hier früher gar nicht hereingelassen.«
»Du — Tarzan?« wiederholte ich in gebrochenem Urwäldlerisch.
»Ja«, sagte Tarzan und schmatzte, daß der Stuck von der Decke fiel.
»Wie du nach Wien kommen?« interviewte ich ihn.
»Weißer Mann mich hierhergebracht«, sagte Tarzan und bestellte beim Ober ein Elefantenohr à la Madeira, mit Reis und Kartoffeln. Von der Bärentatze riet ihm der Ober ab, sie wäre nicht mehr ganz frisch.
»Weißer Mann?« fragte ich, als sich der Ober entfernt hatte. »Gefangen?«
»Engagiert«, belehrte mich Tarzan. »Er Stadtrat. Er Tarzan gesagt, Straße nur für Autos. Tarzan Fußgängern beibringen, wie auf Plastiklianen über Straßen schwingen.«
Alle Achtung! Wien wird Weltstadt!
»Stimmt es«, fragte ich, »du — Affenmensch?«
Tarzan schien beleidigt.
»Jeder Mensch Affenmensch«, meinte er.
»Oho!« wendete ich ein. »Du nicht behaupten wollen, daß zum Beispiel unsere Politiker —?«
Tarzan wollte sich nicht festlegen. »Tarzan alte Affenweisheit«, sagte er, »Tarzan nicht sehen, nicht hören, nicht reden.«

Das Elefantenohr kam, es sah sehr schmackhaft aus. Tarzan begann, die Sauce zu schlürfen.
Die Sachergäste, die zuerst an einen Platzregen glaubten, sahen sich empört um.
Der Direktor bat um Entschuldigung.
»Der Herr ist ein berühmter Filmstar«, sagte er. Worauf alle mitschlürften.
»Wie du leben im Urwald?« erkundigte ich mich.
»Gut«, antwortete Tarzan. »Tarzan kein Geld — Früchte von Bäumen essen. Tarzan kein Personal — Chitá, kleiner Affe, alles machen.«
»Und die Roten?« erkundigte ich mich.
»Nix Rote«, meinte Tarzan. »Im Urwald keine Gewerkschaft.«
»Ich meine die Indianer.«
»Die nur im Film. Im Urwald nur Schwarze.«
»Alleinregierung?« fragte ich.
»Neger«, sagte Tarzan.
»Und wie Urwald politisch ausgerichtet? Nach dem Westen oder nach dem Osten? Und wenn nach dem Osten: nach Peking oder nach Moskau?«
Tarzan schüttelte den Kopf. »Tarzan nicht sehen, nicht hören, nicht reden.«
Er war ein Diplomat.
»Du Angst vor Autos in Stadt?« fragte ich.
Er lachte.
»Tarzan selbst Auto haben. Landrover mit Urwaldspezialausführung. Menschen in Europa schlecht Auto fahren.« Er tippte sich, nach alter Autofahrersitte, mit dem Zeigefinger auf die Stirn und sagte: »Idioten.«
»Aber Luft in Urwald rein!« fuhr ich fort.
»Nix rein«, sagte Tarzan ärgerlich. »Atomwolken von französischen Versuchen kommen.«
»Und Wasser?« fragte ich.
»Verschmutzt«, sagte er. »Wenn Tarzan hat gebadet, muß Tarzan sich baden.«
»Und Kultur?« erkundigte ich mich weiter.
»Kultur viel. Kein Radio, kein Fernsehen — nur Kultur.«

»Aber du keine anderen Menschen sehen?«
»O ja!« sagte er. »Deutsches Reisebüro großes Stück Urwald gekauft für Bungalows. Tarzan mit Frauen den ganzen Tag schwimmen und in Sonne liegen — am Abend in Bar gehen —«
»Und bei Nacht?« zwinkerte ich mit den Augen.
»Tarzan nicht sehen, nicht hören, nicht reden.«
Von jetzt an war jede Frage nutzlos. Tarzan sagte auf alles: »Nicht sehen, nicht hören, nicht reden!«
Am nächsten Tag hörte ich es in den Nachrichten:
»Tarzan wurde zum Sprecher des österreichischen Parlaments ernannt.«

Nicht sehen, nicht hören, nicht reden!

Man sagt, daß ein Spieler am Ende nie gewinnt. Er spielt doch mit anderen Spielern. Wer gewinnt dann?
Das fragte ich mich schon in der Mittelschule, als Fröhlich mein Sitznachbar war.
Welcher Fröhlich?

Fröhlich, der Spieler

Tante Paula ist neunzig. Seit siebzig Jahren fährt sie jedes Jahr am 15. Juni nach Graz, um sich dort mit den Kolleginnen ihres Maturajahrganges zu treffen. Wobei jede der Damen denkt: »Es ist nicht zu glauben, wie alt die andern geworden sind.«

Seit zwanzig Jahren jammert Tante Paula, daß es immer weniger wären, die noch am Leben sind — und seit drei Jahren nimmt sie als einzige an dem Grazer Maturatreffen teil.

Daran mußte ich denken, als ich mich nach zig Jahren wieder einmal mit meinen Schulkollegen traf. Wie hatten sie sich verändert! Laufer war dick geworden, Spurny verknöchert, Tritsch hatte weißes Haar bekommen und Zuckermann eine Glatze.

Nur einen erkannte ich auf den ersten Blick: Fröhlich, den Spieler. Wir nannten ihn so, weil er schon als Schüler von einer Spiel- und Wettleidenschaft besessen war, wie ich sie nie mehr im Leben angetroffen habe. Und sein Opfer war meistens ich.

»Wetten wir, daß Spitzer« — unser Klassenvorstand — »beim Eintritt in die Klasse husten wird?«

»Um wieviel?«

»Um deine Wurstsemmel.«

»Gut.«

Spitzer, der nie gehustet hatte, hustete. Ich hatte bis Mittag nichts zu essen.

»Wetten wir, daß Fräulein Adler« — unsere Deutschprofessorin — »heute den weißen Unterrock tragen wird und nicht den geblumten?«

Ich kombinierte blitzschnell. Fräulein Adler pflegte zweimal wöchentlich ihre Unterröcke zu wechseln. Heute ist Donnerstag, gestern trug sie noch den weißen — sie mußte heute den geblumten tragen.

»Um wieviel?« fragte ich siegessicher.

»Um deinen Füllfederhalter.«

»Gut.«

Die Adler kam, setzte sich, wir warteten gespannt, bis sie das eine Bein über das andere schlug — sie trug na-

türlich den weißen Unterrock. Mein Füllfederhalter war verloren.
Fröhlich fuhr mich in seinem — wahrscheinlich gewonnenen -— Mercedes nach Hause. An der Kreuzung Lastenstraße—Mariahilfer Straße war die Ampel, wie immer, rot. Wir standen in einer endlosen Kolonne.
»Siehst du die beiden Herren dort?« fragte Fröhlich plötzlich.
»Welche?«
»Dort, die beiden Fußgänger. Wetten wir, welcher von ihnen zuerst bei der Kreuzung ist?«
»Um wieviel?«
»Hundert Schilling.«
»Gut.«
»Welchen nimmst du?«
Ich habe gute Augen und sah sofort, daß der eine der beiden eine ungewöhnlich lange Nase hatte. Ich hatte also immerhin die Chance, um eine Nasenlänge zu gewinnen. Er trug einen grauen Anzug.
»Ich nehme den Grauen«, sagte ich.
»Einverstanden«, meinte Fröhlich, »dann nehme ich den Braunen.« Sein Pferd trug einen braunen Anzug.
Die beiden gehörten nicht zusammen, jeder von ihnen war mindestens siebzig, trotzdem waren sie eben stehengeblieben, um sich nach einem jungen Mädchen umzudrehen.
»Start!« sagte Fröhlich, und die beiden setzten sich in Bewegung. Mein Grauer war in Führung. Plötzlich blieb er vor einem Schaufenster stehen.
»Trottel!« knirschte ich.
»Reg dich nicht auf«, tröstete mich Fröhlich. »Sie haben noch eine ganz schöne Strecke.«
Der Graue setzte sich wieder in Bewegung, holte auf, lag mit dem Braunen Seite an Seite, ging an ihm vorüber.
Fröhlich machte ein Pokergesicht. Ich frohlockte. Hundert Schilling sind hundert Schilling. Der Braune blieb immer weiter zurück.
»Ich setze fünfzig auf Platz«, sagte Fröhlich.

Ich nahm nicht an. Das hätte er früher sagen müssen. Der Graue blieb stehen. Sein Schuhband schien sich gelockert zu haben.
»Idiot!« wütete ich. Der Braune kam bedenklich näher. »Ich setze fünfzig auf Platz«, sagte ich. Fröhlich nahm nicht an. Das hätte ich früher sagen müssen. Er ist nicht fair. Mein Grauer ging weiter. Er schien die verlorene Zeit einholen zu wollen, da — krks — das zweite Schuhband.
»Vieh!« rief ich. »Schiebung!«
»Gib mir fünfzig Schilling — ich disqualifiziere ihn!« schlug Fröhlich vor. Ich dachte nicht daran, aufzugeben. Die Rennleidenschaft hatte mich ergriffen.
Da — der Graue ließ Schuhband Schuhband sein und begann zu laufen, soweit es sein Alter zuließ. Und sein Alter ließ es ganz schön zu. Er ließ alle hinter sich. Den Braunen, einen Grünen, einen Gelben. Wenn er kein Mensch gewesen wäre, sondern ein Pferd, und kein Hengst, sondern eine Stute, hätte ich ihn »Sikora« genannt. Fröhlich biß sich aufgeregt auf die Unterlippe, ich drückte die Daumen.
Mein Grauer hielt die Spitze. Aber was war das? Jetzt begann auch der Braune zu laufen, dicht gefolgt von dem Grünen und dem Gelben. Und jetzt verstanden wir auch den Grund ihres Tempos. Sie wollten eine Straßenbahn erreichen, die eben die Mariahilfer Straße heraufkam. Und jetzt wurde es spannend. Fröhlichs Brauner war nicht so in Kondition wie mein Grauer, aber er lief. Er ließ den Grünen und den Gelben hinter sich, dem Grauen konnte er nicht mehr gefährlich werden. Der begann das Tempo zu verdoppeln. Jetzt sah ich erst, was er für schöne, lange Beine hatte! Und die herrlichen Nüstern!
»Laß dir Zeit, Grauer«, sagte ich, »die kriegen dich nicht mehr!«
»Kusch!« rief Fröhlich unfreundlich. »Er ist noch nicht im Ziel!« Jetzt packte es auch ihn. »Lauf, Brauner!« rief er. »Lauf, sonst kommst du zum Pferdefleischhauer!« Ich lachte höhnisch.

Sie näherten sich dem Ziel. Ich war aufgeregt wie ein Sportkommentator: Grau hielt noch immer die Spitze, dicht gefolgt von Grün und Gelb — Braun war der letzte — Braun kam nach vorne — Grau verdoppelte seine Anstrengung — der Abstand zwischen ihm und den andern wurde immer größer — da — ungefähr fünf Meter vor der Kreuzung stoppte er. Was war geschehen? Hatte er ein Hufeisen verloren? Hatte sich das Zaumzeug gelockert? Nichts von alledem. Eine Dame hatte ihn angehalten, anscheinend eine Bekannte. Er küßte ihr die Hand und machte eine Geste, als ob ihm die Niederlage nichts bedeuten würde! Meine hundert Schilling bedeuteten ihm nichts, diesem Schurken, diesem Verräter! Der Braune, der Grüne und der Gelbe liefen an ihm vorüber — der Braune übernahm die Führung und ging durchs Ziel. Alle drei stiegen in die Straßenbahn, die Straßenbahn fuhr ab, aus Rot wurde Gelb, aus Gelb wurde Grün, die Kolonne setzte sich in Bewegung, der Graue unterhielt sich noch immer mit der Dame. Er scharrte mit den krummen Beinen und blähte die häßlichen Nüstern.
Schweigend legte ich Fröhlich die hundert Schilling hin. Er mußte einen Pakt mit dem Spielteufel geschlossen haben. Es war dieselbe Geschichte wie mit Spitzers Husten und Fräulein Adlers Unterrock.

In der Nacht hatte ich einen Traum: Fröhlich, ich und einige meiner Bekannten liefen auf der Rennbahn, während auf den Tribünen Pferde saßen, die auf uns gesetzt hatten.
»Renn, Blader!« wieherten sie. »Was is' denn, Langer! Geh net spazieren, Krampen!«
Ich lief und lief, die Zunge hing mir aus dem Hals, aber bald war ich so weit zurück, daß ich die anderen nicht einmal mehr sehen konnte. Da begannen die Pferde, mir zuzujubeln.
Sie hielten mich für den ersten vom nächsten Rennen.

Ein Sketch ist eine kabarettistische Szene, von der mindestens drei Autoren behaupten, daß sie von ihnen ist. Ich schreibe teils eigene Sketche, teils ent- und teils gewendete. Wie schreibt man einen Sketch? Es ist nicht so einfach, wie meine Mitmenschen denken, die mir irgendeine dumme Geschichte erzählen und dann sagen:

»Da können Sie einen Sketch draus machen!«

Im »Simpl« haben die Proben für das neue Programm begonnen, und mir fehlt noch ein Sketch. Der wichtigste. Der vor der Pause. Der, über den die Leute reden, weil sie zehn Minuten Zeit dazu haben. Was vorher war, haben sie vergessen, was nachher kommt, wissen sie noch nicht. Aber dieser Sketch, der Sketch vor der Pause, der wird zerpflückt bis ins kleinste Detail. An jedem Abend, aber am schlimmsten bei der Pressevorstellung. Da gibt man den Kritikern Gelegenheit, ein paar Stichworte ins Programm zu kritzeln, wie »humorlos«, »tiefstes Niveau«, »wo ist der Einfall« usw.
Und sie haben ja recht. Wo ist wirklich der Einfall? Sie wissen ja nicht, daß ich ihn seit Wochen suche und daß ich ihn bis längstens morgen früh gefunden haben muß.
Ich habe eine Idee. Ich gehe zu Dr. Wronsky. Dr. Wronsky ist mein Zahnarzt. In seinem Wartezimmer gibt es die ältesten Illustrierten der Welt. Da ich nicht angesagt bin, muß ich mindestens eine Stunde warten und habe Zeit, zu suchen. Aus Wronskys Illustrierten habe ich schon manchen Einfall geschöpft.
Er öffnet mir persönlich die Tür.
»Sie haben Glück«, sagt er. »Durch das verlängerte Wochenende habe ich heute keine Patienten. Sie kommen sofort dran.«
Ich will etwas sagen, aber zu spät. Ich sitze bereits in dem bewußten Stuhl, mit Wronskys Hand in meinem Mund. »Den und den kann ich noch plombieren«, meint er, »aber der muß heraus.« Mein Zahnfleisch zieht sich erschrocken zurück, worauf er feststellt: »Und Parodontose haben Sie auch.« Zu meiner Ehre — ich will mich wehren, aber schon habe ich ein Stück Zellstoffwatte unter meiner Oberlippe, schon kann ich nicht mehr reden, schon fühle ich den Stich der schmerzstillenden Injektion, die mehr schmerzt als das Zahnziehen selbst, schon setzt er die Zange an, schon kracht es, schon ist der Zahn draußen. Mein lieber alter Zahn, den man so schön mit der Zunge bewegen konnte.
»Na? Haben Sie was gespürt? Nichts haben Sie gespürt!«

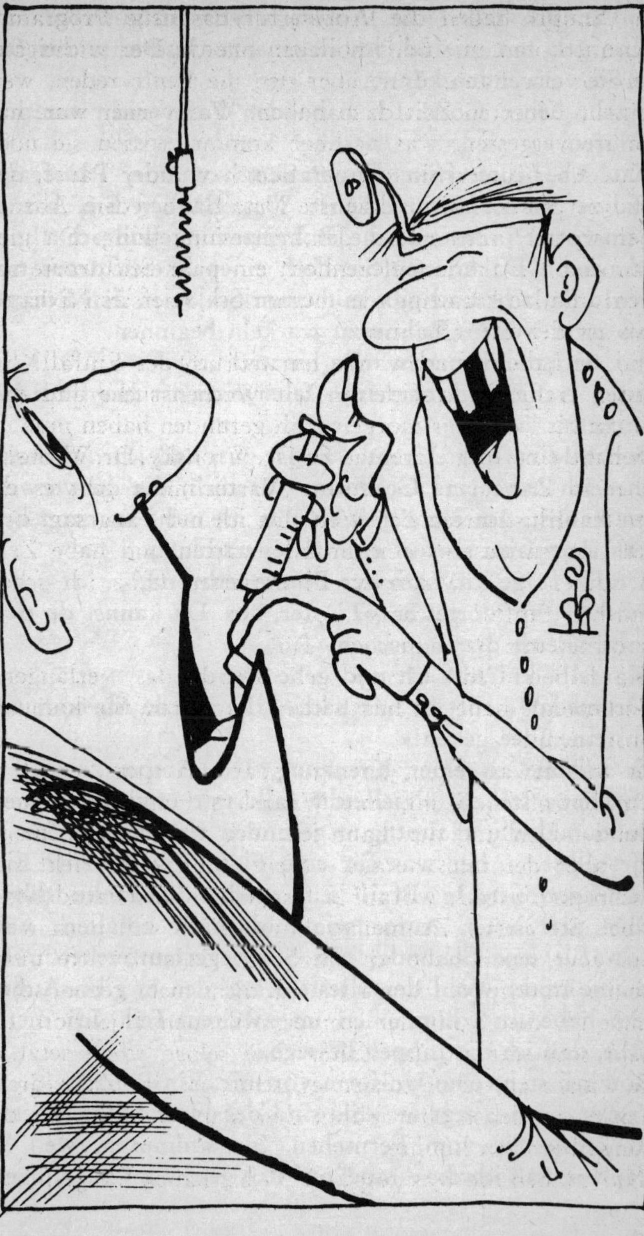

gibt er sich selbst die Antwort. »Es ist gut, daß Sie heute gekommen sind, ich habe eine Geschichte für Sie, die Sie verwenden können.«
Danke, lieber Gott! Ich habe den Zahn nicht umsonst verloren.
»Kommt heute früh ein Patient zu mir, ich frage: ›Haben Sie Zahnschmerzen?‹ Was glauben Sie, hat er geantwortet? ›No na, die Bohrmaschine will ich Ihnen abkaufen!‹ Da können Sie doch einen Sketch draus machen!« Er lacht und gibt mir einen Schlag in den Rücken, daß zwei weitere Zähne zu wackeln beginnen.
»Ja«, stöhne ich und wanke hinaus.
Unten treffe ich Überreiter. Überreiter ist mein Bridgepartner.
»Servus!« ruft er erfreut. »Es ist gut, daß ich dich heute sehe. Ich habe eine Geschichte für dich, die du verwenden kannst. Ich sitze gestern mit meiner Frau vor dem Fernsehapparat — auf einmal Kurzschluß.«
»Und?« frage ich, nach der Pointe lechzend.
»Nichts«, antwortet er. »Finster, aus. Da kannst du doch einen Sketch draus machen.«
»Kamel!« knirsche ich und gehe weiter.
»Dromedar!« ruft er mir nach. »Dir werde ich noch einmal eine Idee geben!«
Ich komme zu einer Kreuzung. Die Ampel zeigt Rot. Ich bleibe stehen. »Vielleicht fällt mir etwas ein, wenn ich einmal die Hauptfigur gefunden habe«, sage ich zu mir selbst. »Aber was für eine Figur soll es sein? Eine Schwiegermutter?« Pfui! Ein solcher Gedanke dürfte einen arrivierten Autor wie mich nicht befallen. Auch nicht für eine Sekunde. Ein Schwiegermuttersketch. Ich schäme mich. Wohl der älteste Käse, den es gibt. Außerdem habe ich schon einen im zweiten Teil. Ich merke nicht, daß ich die Lippen bewege.
Plötzlich steht eine Uniform vor mir. Ein Polizist.
»'tschuldigen«, sagt er. »Sie sind der Herr Hugo Wiener, ich kenne Sie vom Fernsehen. Sie schimpfen, weil Sie glauben, daß ich die Ampel auf Rot geschaltet habe, damit

Sie stehenbleiben müssen. Aber das stimmt nicht. Die Ampel schaltet automatisch.«
»Ich weiß«, sage ich. »Ich habe nur über etwas nachgedacht und zu mir selbst gesprochen.«
»Ah so!« lacht er. »Da können Sie einen Sketch draus machen!«
Ich nicke gequält. Die Ampel schaltet auf Grün. Ich schleppe mich weiter. Die Wirkung der Injektion läßt nach. Ich bekomme Zahnschmerzen, das heißt, ich bekomme dort Schmerzen, wo sich der Zahn befunden hat. Und die beiden anderen Zähne, die durch Dr. Wronskys Schlag auf den Rücken gelockert wurden, wackeln und wackeln. Ich muß wieder zu ihm gehen, aber nicht jetzt. Jetzt einen Kognak.
Ich wanke ins nächste Kaffeehaus. Voll. Ich setze mich zu einem fremden Herrn und bestelle einen Kognak.
Der Herr an meinem Tisch — das heißt an seinem Tisch, er war ja zuerst da — mustert mich. »Sie sind ein Mörder«, sagt er. »Ich habe Ihr Bild in der Zeitung gesehen.«
Ich starre ihn an. »Irrtum«, stellt er fest. »Das war auf der anderen Seite. Aber Ihr Bild war auch in der Zeitung. Sie sind der Hugo Wiener und haben Premiere im Simpl. Hahaha!« Er lacht in einer Tonstärke, daß es klingt, als ob zwei Güterzüge zusammengestoßen wären, von denen der eine Nitroglyzerin geladen hat. Dazu schlägt er auf den Tisch, wodurch er seine Tasse umwirft und der Kaffee auf meine Hose rinnt, und schreit: »Da können Sie einen Sketch draus machen!«
Ich verlasse das Lokal.
»He!« rennt mir der Ober nach. »Sie haben den Kognak nicht bezahlt. Solche Zechpreller kennen wir!«
»Was erlauben Sie sich?« Ich hebe die Hand und stoße eine hinter mir kommende Dame mit dem Ellenbogen gegen die Brust.
»Flegel!«
»Verzeihung, ich möchte . . .«
»*Was* möchten Sie von meiner Frau?« Ein zwei Meter großer Mann pflanzt sich drohend vor mir auf. Er muß

von den Grenadieren des Alten Fritz übriggeblieben sein.
»Ich wußte nicht, daß die Dame Ihre Frau ist . . .«, stottere ich.
»Wenn Sie *nicht* meine Frau wäre, hätten Sie sie auch nicht zu belästigen, Sie . . .!« An Stelle der drei Punkte gibt er mir eine Ohrfeige. Ich brauche nicht mehr zu Dr. Wronsky zu gehen, die Wackler sind draußen.
Inzwischen hat sich eine größere Menschenmenge angesammelt. Ein kleines Männchen tritt an meine Seite.
»Das brauchen Sie sich nicht gefallen zu lassen!« sagt es. (Das Männchen.)
»Was geht denn das *Sie* an?« brüllt der Grenadier. »Ich kann diesen Kerl da ohrfeigen, so viel ich will!«
»Denken Sie!« sagt der Zwerg mutig. »Versuchen Sie es und geben Sie ihm noch eine!«
Der andere gibt mir noch eine.
»Und jetzt noch eine!«
Noch eine.
Mein Beschützer stemmt mutig die Hände in die Hüften.
»So! Und jetzt noch eine!«
Noch eine.
Er wendet sich zu mir. »Sehen Sie?« sagt er triumphierend. »Er macht, was ich will!« Und verschwindet.
Auch der Grenadier und seine Frau entfernen sich.
»Ha!« lacht einer aus der Menge. »Das ist doch der Hugo Wiener vom Simpl! Da können Sie einen Sketch draus machen — oder?«
Wie ich sie alle hasse: die Zahnärzte, Überreiters, Polizisten, Kaffeehausbesucher, Ober, Grenadiere und Zwerge! Alle, die sagen: »Da können Sie einen Sketch draus machen!«
Ich habe nur *eine* Antwort für sie: Götz von — halt! Ich habe eine bessere Idee: ich mache einen Sketch draus!

Wir haben ihn im »Simpl« gespielt. Vor der Pause.

Ein Mensch, der kein Testament hinterläßt, macht die Anwälte zu seinen Erben.
Nicht so mein Freund Strelitzer. Er sorgte schon bei Lebzeiten dafür, daß einmal alles in die richtigen Hände kommt. Aber?

Man kann sich auf keinen Menschen verlassen

Strelitzer war Witwer, aber ein Familienmensch. Und da er selbst keine Kinder hatte, nahm er seinen Neffen Stephan, als dieser die Hauptschule hinter sich hatte, in sein Herrenmodengeschäft. Bevor Stephan seinen Posten antrat, lud Strelitzer ihn zu einem vertraulichen Gespräch in sein Büro.

Es gibt Akademiker, Alkoholiker, Exzentriker, Fanatiker usw. Strelitzer war keiner von allen. Er war Choleriker.

»Herein!« sagte er, als Stephan an die Tür klopfte.

Stephan trat ein. »Guten Tag, Onkel!«

»Servus, mein Lieber! Setz dich!« Stephan nahm Platz. »Ich möchte ein paar Worte mit dir reden. Du weißt, daß du deinen Posten bei mir antrittst. Ich bin kinderlos, du bist der Sohn meiner Lieblingsschwester Elvira — die liebe, gute Elvira, du weißt gar nicht, wie sehr ich sie geliebt habe, aber weiter —, und so habe ich daran gedacht, dich zu meinem Nachfolger zu machen, sobald es soweit ist. Ich weiß, daß ich mich auf dich verlassen kann. Du bist fleißig, ehrlich und tüchtig, hast also alle Eigenschaften, die man von einem Juniorchef verlangt. Gib mir die Hand — es freut mich zu wissen, daß mein Geschäft, dem ich mein ganzes Leben gewidmet habe, in würdige Hände kommt. Sei nett zu deinen Angestellten, wenn auch nicht zu vertraulich, besonders was das weibliche Personal betrifft. Zum Glück haben wir nur drei weibliche Angestellte: Frau Nemetz, die seit fünfundzwanzig Jahren unsere Bücher führt und auf die du in jeder Situation zählen kannst. Ferner Frau Rusitschka, unsere Kassierin, eine sehr nette Person, auf das beste zu empfehlen. Und dann ist noch die Verkäuferin da — die Ingrid. Ein reizendes junges Mädel, das dir bestimmt gefallen wird. Ich meine, als Angestellte. Jeden weiteren Gedanken schlag dir aus dem Kopf. Als künftiger Chef hast du dich um die Reize deines weiblichen Personals nicht zu kümmern. Daß die Ingrid kokett ist, ist bekannt. Und wenn sie im Minirock auf die Leiter steigt, weiß sie genau, daß alle Männer hinaufschauen. Alle Männer, nur nicht du, hörst du?« Seine Stimme nahm einen leicht drohenden Ton an. »Wehe, wenn ich sehe, daß du einmal hinaufschaust, wenn die Ingrid auf die Leiter steigt!« Er schlug auf den Tisch. »Oder willst du, daß das Mädel sich einbildet, daß du in sie verliebt bist? Daß du sie heiraten wirst? Weißt du denn, aus was für einer Familie sie stammt? Nichts weißt du, du Bengel!« Er begann sich in Wut zu reden. »Von ihrem Vater weiß man nichts Genaues, und ihre Mutter ist eine ehemalige Strip-tease-Tänzerin! Und in eine solche Familie willst du hineinheiraten? Glaubst du, daß ich mich mein Leben lang geplagt habe, damit mein Geschäft einmal eine solche Chefin bekommt?« Stephan kam nicht zum Reden. »Weißt du denn überhaupt, wie man ein solches Geschäft führen muß, du Lausbub? Nichts weißt du! Freundlich und höflich muß man sein! Zu allen! Auch wenn jemand nur eine billige Krawatte kauft! Aber du? Anstatt dich um die Kundschaft zu kümmern, flirtest du mit der Ingrid! Läßt sie jeden Moment auf die Leiter steigen, damit du hinaufschauen kannst!« Stephan wollte sagen, daß er Ingrid nie gesehen hatte, daß er sie gar nicht kenne, aber Strelitzer ließ ihn nicht zu Wort kommen. »Ich weiß, was du sagen willst, du Lump! Du bist jung, willst du sagen! Ich war auch einmal jung und habe nicht hinaufgeschaut! Meine Frau hat keinen Minirock getragen, und wenn sie auf die Leiter gestiegen ist, haben sich alle weggedreht! Aber tüchtig war sie, sonst wäre ich nie zu diesem Geschäft gekommen! Zu dem Geschäft, das ich dir jetzt beinahe vererbt hätte, damit du es auf den Schädel haust! Damit du in Konkurs gehst, weil du alles, was du einnimmst, für deine Ingrid hinausschmeißt!« Strelitzer schlug jammernd die Hände zusammen. »Mein Geschäft in Konkurs!« Er schrie. »Schmuck und Pelze muß der Schlampen haben! Was bringt sie denn in die Ehe? Nichts! Nicht einmal ein Paar Strümpfe! Ich danke Gott, daß er mir die Augen geöffnet hat, bevor es zu spät war!« Seine Stimme überschlug sich. »Schau, daß du hinauskommst, du Tunichtgut, und laß dich nie wieder bei mir blicken!«

Ich kam gerade in dem Moment, in dem Strelitzer seinen Neffen zur Tür hinauswarf. Außer sich vor Aufregung, sagte er zu mir: »Komm in mein Büro, ich werde dir alles erklären!« Ingrid stand auf der Leiter, als wir vorübergingen. Strelitzer schaute hinauf.

Der Tourismus hat sich die Welt erobert, das Fernweh ist stärker geworden als das Heimweh. Aber während unsere Eltern an einen Ort fuhren, von dem sie gehört hatten, daß er besonders schön sei, fahren wir heute an einen Ort, von dem wir hören, daß es dort Parkplätze gibt. Der Sommer kommt, und die Welt beginnt zu reisen. Wohin und aus welchem Grund, das ist unterschiedlich. Es gibt Menschen, die Tausende Kilometer fahren, nur um sich neben ihrem Auto fotografieren zu lassen.

Natürlich gibt es auch andere, die mit der guten, alten Sommerfrische vorliebnehmen, und diesen möchte ich einige Ratschläge geben:

1. Beurteilen Sie einen Urlaubsort niemals nach seinen Prospekten.
2. Vermeiden Sie zwei Sorten von Sommerfrischen: die leeren und die überfüllten.
3. Wenn Sie sich wirklich erholen wollen, nehmen Sie nur drei Koffer mit: einen mit Kleidern, einen mit Büchern und einen mit Geld.
4. Wenn Ihnen keine längere Urlaubszeit zur Verfügung steht, reisen Sie nicht zu weit. Es gibt wenige Dinge, die so schnell vergehen wie die zweite Woche eines vierzehntägigen Urlaubs.
5. Seien Sie vorsichtig! Eine Sommerfrische ist ein Ort, an dem sich die Mädchen um einen Ehemann umsehen und die Ehemänner um ein Mädchen.
6. Wollen Sie im Urlaub etwas Besonderes erleben, dann lassen Sie sich in Ihrem Reisebüro die nötigen Tips geben. Die Verantwortlichen sind endlich dahintergekommen, daß, bei der Blasiertheit der heutigen Touristen, ein neuer Weg eingeschlagen werden muß. Suchen Sie also, wie mein Freund Scheibl, das Originelle — Sie werden es finden. Zum Beispiel die

Horror-Reisen

Scheibl betritt das Reisebüro. »Guten Tag!«
Der Angestellte springt auf. »Guten Tag!« sagt er beflissen. »Was kann ich für Sie tun?«
»Ich möchte einige Urlaubsvorschläge hören.«
»Bitte! Wir haben da sehr günstige Arrangements. Italien per Bus, Bahn oder Flugzeug?«
»Kommt nicht in Betracht.«
»Vielleicht Jugoslawien?«
»Noch weniger.«
»Wie wäre es mit der Türkei?«
»Kenne ich.«
»Eine Safari?«
»Habe ich in Gänserndorf.«
»Tahiti?«
»Dort treffe ich meinen Hausbesorger.«
»Die Insel Sylt! Nacktbadestrand!«
»Blödsinn.«
»Tanganjika?«
»Zu gewöhnlich. Sie verstehen mich nicht, junger Mann. Ich möchte etwas Ausgefallenes. Etwas, das nicht jeder kennt.«
»Haben wir auch. Betrachten Sie hier, bitte, unseren Prospekt.«
Der Angestellte lächelt verbindlich. »Wir erschließen unseren Kunden einen neuen Trend.« Er liest: »Horror-Reisen — die Reisen mit Abenteuern! Holidays in Chikago! Abenteuerbeginn schon während der Reise! Flugzeugentführung, mit Beschießung bei der Ankunft! Nachtrundfahrten durch Chikagos Unterwelt! Auf Wunsch Kampf mit dem F. B. I.! Waffen werden beigestellt — Morde sind im Preis inbegriffen!«
Scheibl schmunzelt. »Das klingt schon besser.«
Der Angestellte verneigt sich geschmeichelt. »Natürlich gibt es noch kleine Extratouren für den verwöhnten Geschmack.« Er liest weiter: »Haben Sie schon einmal ›bankgeraubt‹? Gegen eine geringe Aufzahlung können Sie sich den kleinen Al Capone, der in Ihnen steckt, leisten. Auch Ihr Weihnachtsurlaub kann auf diese Weise aufgemöbelt

REISEBÜR

werden. Überlegen Sie nicht lange und vertauschen Sie Ihren Büroalltag mit dem Zwielicht der Unterwelt!«

»Preis?«

»Hängt ganz davon ab, ob Vor- oder Nachsaison. Wir haben auch billige Gesellschaftsreisen sowie familienfreundliche Arrangements.«

»Gibt es sonst noch etwas?«

»Selbstverständlich!« Der Angestellte holt einen zweiten Prospekt. »Hier, bitte — die neue Notc für Ihre Freizeit!« Er liest: »Auf den Spuren der Seeräuber. Sie hatten doch sicher einmal den Wunsch, Seeräuber zu werden? Erfüllen Sie sich diese Sehnsucht! Seien Sie für vierzehn Tage der Schrecken der Meere! Wir überfallen sämtliche Linienschiffe für billiges Geld! Die Enterhaken bekommen Sie gratis, die Piratenbeute ist Ihr Eigentum! Fangen Sie sich eine hübsche Sklavin für Ihre Zweitwohnung! Rauben Sie jetzt — zahlen Sie später!«

»Auch nicht schlecht. Gibt's was anderes?«

»Aber natürlich!« Der Angestellte bringt einen dritten Prospekt. »Hier, bitte!« Er liest: »Trip zu den Kopfjägern! Romantische Fahrt nach Brasiliens Urwäldern! Unerforschtes Gebiet! Der Besuch bei den Kopfjägern wird zur richtigen Attraktion! Beschießung mit Giftpfeilen! Ihre Freunde im Büro werden Sie um Ihren Schrumpfkopf beneiden! Suchen Sie nicht länger Entspannung, sondern Spannung! Lebensversicherung gratis! Bedenken Sie, was Sie erzählen können, wenn Sie davonkommen!«

»Das klingt verlockend. Noch etwas?«

»Hier, bitte!« Ein vierter Prospekt. »Ferien mit Vampyren!« Der Angestellte liest: »Verbringen Sie Ihren Urlaub im hohen Norden! Einzelzimmer in alten Schlössern mit verbürgt knarrenden Türen! Wir garantieren Gänsehaut! Turmuhrschläge um Mitternacht! Versuchen Sie das neue Gruselgefühl! Wir beißen Ihre Kehle durch, wobei Sie nur die Kehle mitzubringen haben, die Zähne liefern wir! Entschließen Sie sich, und Sie werden auf Partys das Doppelte wert sein!«

»Das ist das, was ich suche! Was kostet der Spaß?«
»Flug, inklusive Vollpension, Schaudern und Zähneklappern — fünfzigtausend Schilling.«
»Das ist mir zu teuer. Für so viel Geld kann ich schon in Österreich bleiben.«
Der Angestellte verneigt sich höflich.
»Sie haben recht, mein Herr — fürchten Sie sich im Urlaub zu Hause!«

Scheibl fuhr nach St. Nepp an der Wurzen und ist heute einer der glücklichsten Urlauber. Er weiß nämlich jetzt schon genau, wohin er im nächsten Jahr *nicht* fahren wird!

Wissen ist Macht, wenn man es über die richtige Person weiß. Und Gurkl wußte es. Leider war er

Ein Erpresser

Manfred Koller, Generaldirektor der »WAHAUGE« — Warenhaus GmbH —, Vorsitzender des Aufsichtsrates derselben Gesellschaft, Sammler und Liebhaber von Ehrenposten, für die er die Ehre hatte, Geld zu kassieren, saß in seinem eleganten Büro (zu deutsch Office) hinter seinem Schreibtisch.

Plötzlich wurde die Tür aufgerissen — Gurkl stand auf der Schwelle.

Der Generaldirektor erschrak. »Was wünschen Sie?«

»Das werden Sie sofort erfahren!« sagte Gurkl drohend, schloß die Tür und ging auf den Schreibtisch zu. »Ich wünsche den Posten eines Direktors in einem Ihrer Warenhäuser, mit vierzigtausend Schilling Monatsgehalt. Der Vertrag wird auf zehn Jahre ausgestellt, nach deren Ablauf ich das Recht habe, mich zurückzuziehen, und zwar mit einer Pension von achtzig Prozent meines Gehaltes.«

»Sie sind wahnsinnig!« sagte der Generaldirektor.

»Überlegen Sie sich meinen Vorschlag. Hier haben Sie meine Telefonnummer.« Gurkl warf eine Visitenkarte auf den Schreibtisch. »Ich warte eine Stunde. Sollten Sie mich nach Ablauf dieser Frist nicht angerufen haben, übergebe ich Ihre Sache dem Staatsanwalt. Adieu!« Gurkl ging.

Der Generaldirektor starrte ihm entgeistert nach. Er hatte diesen Mann nie zuvor gesehen. Egal — er schien etwas über seine Person zu wissen, aber was? Der Generaldirektor bemühte sich, seine Gedanken zu sammeln. »Übergebe ich Ihre Sache dem Staatsanwalt«, hatte dieser Mensch — wie hieß er bloß — er warf einen Blick auf die Karte: Gurkl — hatte also dieser Gurkl gesagt. Was wußte er? Der Generaldirektor zermarterte sich das Hirn. Daß Inge seine Freundin war, daß er ihr eine Villa und ein Auto gekauft hatte und sie zweimal in der Woche besuchte? Lächerlich! Das interessierte keinen Staatsanwalt. Das könnte er bestenfalls seiner Frau erzählen und nicht einmal das, da seine Frau selbst Butter auf dem Kopf, besser gesagt den Dressman im Bett hatte. Was also war es? Vielleicht die falsche Zolldeklaration? Er hatte einige Male ganz teure Perserteppiche als billige Bett-

vorleger deklariert und an seine Firma schicken lassen. Natürlich mit Wissen eines Mannes im Ministerium. Also das war es nicht. Der Sektionschef dürfte schwerlich gesprochen haben, und sonst wußte niemand davon. Es durchzuckte ihn. Urkundenfälschung! Der falsche Doktortitel, den er in Guatemala gekauft hatte. Das wäre aber auch nicht so schwerwiegend. Der Callgirlring, den er finanzierte? Da schien nirgends sein Name auf. Jetzt hatte er es. Schweißtropfen standen auf seiner Stirne. Die Autostopperin! Er hatte sie auf der Straße mitgenommen und dann im Wald ... zu dumm ... Das Mädel war erst vierzehn. Vielleicht war dieser — wie hieß er bloß — Gurkl — ihr Vater? Unsinn, die Kleine hieß nicht Gurkl. Sie hatte ihm ihren Namen genannt. Gurkl hieß sie nicht. Vielleicht war er ihr Stiefvater? Natürlich! Dieser Schuft! Er hatte doch dem Mädchen Geld gegeben! Was wollte er mehr! Er beruhigte sich. Gurkl konnte nicht ihr Stiefvater sein. Das Mädchen hatte ihm erzählt, daß es Vollwaise sei und bei seiner Großmutter lebe. Also auch das nicht. Jetzt wußte er es. Sein Sohn, der Lausbub. Fuhr ohne Führerschein, baute einen Unfall, und nur den Beziehungen seines Vaters war es gelungen, die Sache zu vertuschen. Aber auch das konnte dieser Gurkl nicht gemeint haben. Er hatte ausdrücklich gesagt: »Sollten Sie mich nach Ablauf dieser Frist nicht angerufen haben, übergebe ich *Ihre* Sache dem Staatsanwalt!« Seine Sache und nicht die Sache seines Sohnes. Der Generaldirektor sprang auf. *Das* war es! Der Waffenschmuggel! Er setzte sich wieder. Was hatte das mit ihm zu tun? Das war die Angelegenheit seines Schwagers. Leubusch hatte Gewehre und Bomben über Österreich nach Irland geschmuggelt. Daran war *er* unschuldig. Er hatte nur eines getan — er hatte die Lastwagen seiner Firma zur Verfügung gestellt. Vor Ablauf einer Stunde bekam Gurkl einen Anruf: »Holen Sie sich Ihren Vertrag!«

Was wußte Gurkl wirklich von dem Privatleben des Generaldirektors? Nichts.

Wenn Adam noch einmal auf die Welt käme — das einzige, was er wiedererkennen würde, wären die Witze.
Die folgende Geschichte ist voller Witze. Leider — sie ist sehr dumm. Sie heißt:

Das Land des Lachens

Fellner hat eine Leidenschaft: er erzählt für sein Leben gerne Witze. Und wenn Ihnen jemand begegnet, der Sie fragt: »Kennen Sie den schon?« dann ist es Fellner.
Natürlich hat er ein ganzes Witzbuch im Kopf, und die Ohren sind die Buchstützen. Fellner denkt in Witzen, spricht in Witzen, handelt in Witzen. Wehe, wenn jemand auf ein von ihm hingeworfenes Stichwort hereinfällt. Zum Beispiel Fellner: »Mein Sohn muß einen Internisten aufsuchen.« Drauf Sie, nichtsahnend: »Ihr Sohn *ist* doch Internist?« Drauf Fellner: »Ich weiß es, aber er ist zu teuer!« Er lacht. Oder Sie, an nichts Böses denkend: »Wie geht es Ihnen in der Fahrschule?« Drauf Fellner: »Gut. Heute ist der Fahrlehrer nur noch dreimal blaß geworden.« Und lacht. Oder Fellner, leicht hinwerfend: »Bevor ich meine Frau kennengelernt habe, war ich ein entschiedener Gegner der Ehe.« Drauf Sie, selbstverständlich: »Und jetzt?« Drauf Fellner, schnell: »Jetzt bin ich es wieder!« Und lacht. Hüten Sie sich also.
Fellner ist für heute abend zu einer Party geladen. Egon, der Sohn seines Freundes Gußmann, heiratet. Fellner wird warten, bis der Bräutigam gefragt werden wird — und das wird er sicher gefragt werden: »Sind Sie glücklich?« Dann wird er — Fellner — einfallen: »Glücklich ist ein Mann nur dann, wenn er imstande ist, mehr zu verdienen, als seine Frau ausgeben kann.« Das paßt. Leider war das die einzige Bemerkung, die er noch auf Lager hatte. Alle anderen Witze über Liebe und Ehe hatte er vor zwei Tagen, bei der Verlobung seiner Nichte Gaby, verbraten.
Fellner saß am Schreibtisch — es fiel ihm nichts ein. Er blätterte seine Kartothek durch: von Aberglaube bis Zündschnur — alles erzählt.
Plötzlich hörte er ein leises Piepsen vom Bücherschrank her. Es klang, als ob ein Kanarienvogel um Hilfe gerufen hätte. Fellner horchte auf — er mußte sich getäuscht haben.
Da noch einmal: »Hilfe!«
Fellner stand auf, ging zum Bücherschrank, rückte zwei gebundene Jahrgänge der »Fliegenden Blätter« — 1890

und 1891 — auseinander und sah ein kleines, kaum einen Daumen großes Persönchen. (Ich habe gleich gesagt, die Geschichte ist dumm.)
»Wer bist du?« fragte Fellner.
»Ich bin der Witz!« antwortete das Persönchen.
Fellner wunderte sich, daß der Witz weiblichen Geschlechtes war.
»Wie kommst du in meinen Bücherschrank?« fragte er.
Der Witz — oder die Witzin? — sah Fellner erstaunt an.
»Erinnerst du dich nicht an das kleine Humorheft, das du vorhin in den Schrank gelegt hast? In dem Heft war ich drinnen. Du hast dann die ›Fliegenden‹ herausgenommen, hast sie wieder zurückgestellt und hast mich dabei an die Wand gedrückt.«
»Entschuldige . . .«, sagte Fellner.
Der Witz streckte sich, bis er ungefähr einen Meter sechzig groß war. (Die Geschichte wird *sehr* dumm!) Fellner betrachtete ihn — den Witz — genau und sah, daß er — der Witz — nicht nur eine junge Dame, sondern sogar eine hübsche junge Dame war, der — der Witz — in einer Art Harlekinkostüm steckte. (Ich werde ihn nicht mehr »Witz« nennen, sondern »Gute Laune«, dann kann man »die« statt »der« sagen.)
»Wer bist *du?*« fragte sie — die Gute Laune.
»Mein Name ist Fellner, ich erzähle gern Witze. Jetzt sitze ich seit drei Stunden da, und es fällt mir keiner ein.«
»Wenn es weiter nichts ist! Komm mit mir, ich führe dich in mein Reich.«
»Reich? Gibt es denn das?«
»Hast du das nicht gewußt? Das Land des Lachens. Was dachtest du denn, wo sie alle herkommen, die zerstreuten Professoren, die bissigen Schwiegermütter, die Autofahrer, die Politiker . . .«
»Und wie kommt man in dieses Land?«
»Das wirst du gleich sehen?« Sie pfiff — und ein fliegender Teppich stand vor dem Fenster.
»Was ist denn das?« fragte Fellner verwirrt.
»Ein fliegender Teppich. Das solltest du als Witzeleser

wissen. Er ist zwar bereits etwas ausgefranst, aber er macht noch immer seine tausend Sachen in der Stunde. Steig auf!«

Fellner stieg auf, und los ging's.

»Siehst du den bunten Fleck dort unten?« fragte die Gute Laune nach einiger Zeit. »Das ist unser Ziel.«

Sie landeten mitten auf dem Hauptplatz.

»Wer sind die vielen Menschen?« fragte Fellner erstaunt.

»Alles Witzfiguren. Da kommt zum Beispiel der ›Geizige Schotte‹. Hallo, Mac!« rief sie ihn an. »How do you do?«

»Fein«, sagte der Schotte, »nur meine Frau fühlt sich nicht wohl.«

»Warum führst du sie nicht zum Arzt?«

»Ich warte bis nach Weihnachten, da ist es billiger!« Er ging davon — mit großen Schritten, um die Schuhsohlen nicht abzuwetzen.

Fellner, der aus dem Wundern nicht herauskam, zeigte auf ein Tier.

»Was ist denn das?« fragte er.

»Ein Gnu«, sagte die Gute Laune.

»Aus einem Zoo?« wollte Fellner wissen.

»Nein«, sagte das Gnu, »aus einem Kreuzworträtsel.«

Fellner war verblüfft. »Das Gnu spricht ja!« stammelte er.

»Ich bin ja auch aus der surrealistischen Abteilung!« lachte das Gnu und hüpfte davon. (Hüpft ein Gnu? Ich weiß es nicht.)

Sie kamen an einem Laden vorüber. Ein Pferd, das vor der Tür stand, grüßte.

»Sie sind neu hier?« fragte die Gute Laune.

»Ja«, sagte das Pferd. »Die Kuh hat das Geschäft verkauft.«

»Auch surrealistische Abteilung«, erklärte die Gute Laune ihrem Gast.

»Wer ist der mit den Hörnern?«

»Der Druckfehlerteufel. In allen Witzecken zu finden.

»Viel Glück und Regen!« grüßte der Druckfehlerteufel.

»Er meint ›Segen‹«, sagte die Gute Laune leise. »Was macht dein Sohn?«
»Ich weiß es nicht. Seitdem er geheiratet hat, ist er zerschunden und verschwollen.«
»Verschwunden und verschollen«, übersetzte die Gute Laune.
»Ich komme eben aus einem Violinkonzert. Der Künstler vergeigte sich noch und noch.«
»Verneigte sich!« raunte die Gute Laune Fellner zu.
Fellner staunte: »Wie viele Druckfehler es doch gibt!«
Eine ernste Gestalt näherte sich. »Es gibt noch weit mehr, mein Sohn!« sagte sie pathetisch. »Und die meisten Druckfehler gibt es bei Händedrücken.«
»Der ›Gedankensplitter‹«, erklärte die Gute Laune. »Er spricht immer voller Geist.«
»Was nützt heute Geist?« meinte der Gedankensplitter. »Der Geist ist machtlos, und die Macht ist geistlos geworden.«
Eine Frau drängte sich durch die Menge.
»Laßt mich, ich will sie auch begrüßen!«
»Die ›Definition‹«, machte die Gute Laune bekannt. »Herr Fellner — ein Witzeerzähler.«
»Wissen Sie, was ein Witzeerzähler ist?« fragte die Definition, wie aus der Pistole geschossen. »Ein Mensch, der glaubt, daß nur er ein gutes Gedächtnis hat. Ist die Frau Gemahlin auch mit?«
»Herr Fellner ist Junggeselle.«
»Wissen Sie, was ein Junggeselle ist? Ein Mann, der darauf verzichtet, eine eigene Fluglinie zu gründen, wenn er ein Charterflugzeug bekommen kann.«
»Laßt jetzt unseren Gast. Ihr fallt über ihn her wie die Kannibalen.«
»Wissen Sie, was ein Kannibale ist? Ein Mensch, der in ein Restaurant geht und sich den Kellner bestellt!«
»Fahren wir!« meinte die Gute Laune und rief: »Chauffeur!«
»Wissen Sie, was ein Chauffeur ist?« brachte die Definition noch schnell an. »Ein Chauffeur ist ein Mann, der

klug genug ist, um ein Auto zu lenken, aber *zu* klug, um selbst eines zu besitzen!«
Der Chauffeur trat näher.
»Taxi, die Herrschaften?«
Fellner lachte. »Das Auto ist doch die Karikatur, die der Angerer schon so oft gezeichnet hat!«
»Steigen Sie nur ein«, beruhigte ihn der Chauffeur. »Wenn der Wagen einmal fährt, ist er nicht zu halten.«
»So schnell ist er?« fragte Fellner.
»Nein«, antwortete der Chauffeur. »Die Bremsen fehlen.«
»Ich denke, wir sollten lieber gehen«, meinte Fellner mißtrauisch.
»Ich denke auch«, sagte die Gute Laune.
Sie kamen zu einer breiten Straße. »Das ist unsere Hauptstraße!« erklärte die Gute Laune stolz.
»Und das Monument? Warum steht der Mann so komisch auf dem Sockel?«
»Es hätte eigentlich ein Reiterstandbild werden sollen. Dann ist uns für das Pferd das Geld ausgegangen. Guten Tag, Meister!« grüßte sie einen der Vorübergehenden.
»Wer ist denn das?« wollte Fellner wissen.
»Der Friseur, der den Witzen die Bärte schneidet.«
»Und die beiden Herren dort an der Ecke?«
»Das wirst du gleich hören. Gehen wir näher!«
Die beiden Herren begrüßten einander.
»Guten Tag, Herr Meier!«
»Guten Tag, Herr Müller! Sie haben ja jetzt gleich *zwei* Hunde?«
»Ja. Einen großen und einen kleinen. Der große jagt den Leuten Angst ein, und der kleine beißt. Grüß Gott, Herr Meier!«
»Grüß Gott, Herr Müller! Die Uhr, die Sie mir gestern verkauft haben, ist stehengeblieben.«
»Wie lange ist sie gegangen?«
»Vierundzwanzig Stunden.«
»Na und? Wenn *Sie* vierundzwanzig Stunden gehen, werden Sie auch stehenbleiben!«
»Grüß Gott, Herr Meier!«

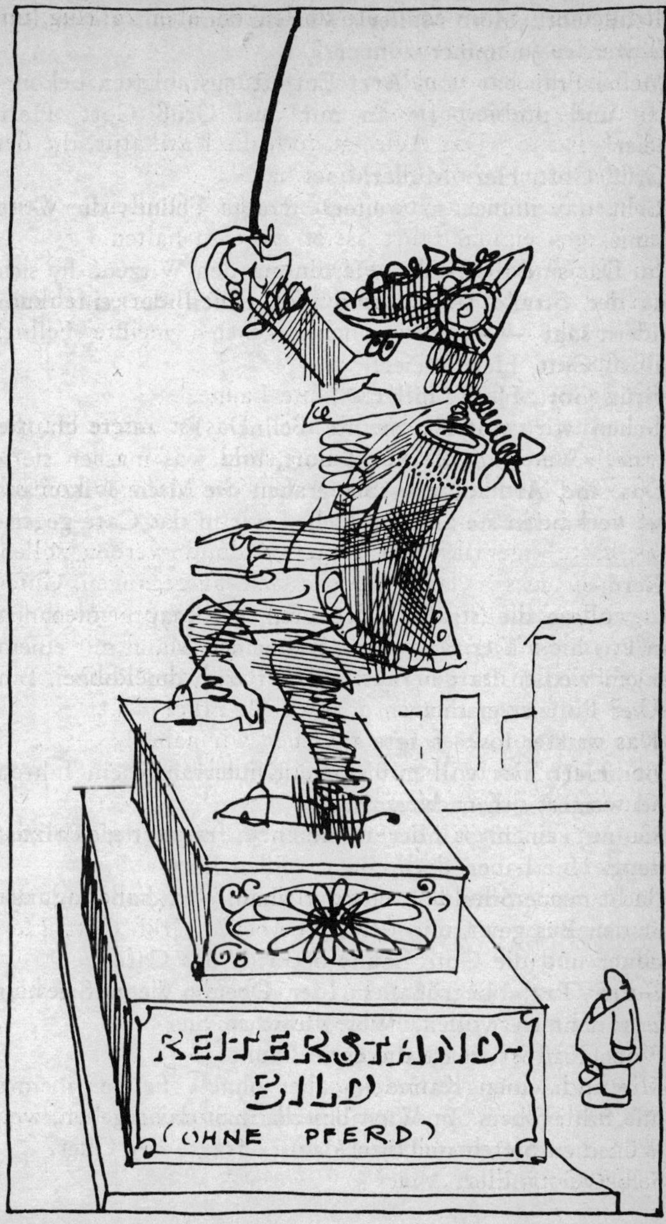
REITERSTAND-
BILD
(OHNE PFERD)

»Grüß Gott, Herr Müller! Was ist denn mit Ihnen los? Sie werden ja immer dünner?«
»Meine Frau hat vom Arzt Entfettungstabletten bekommen und probiert sie an mir aus! Grüß Gott, Herr Meier!«
»Grüß Gott, Herr Müller!«
»Geht das immer so weiter?« fragte Fellner die Gute Laune.
»Ja. Das sind die beiden Herren aus den Witzen, die sich auf der Straße treffen und von denen der eine zum andern sagt — —«
»Grüß Gott, Herr Meier!«
»Grüß Gott, Herr Müller!«
»Gehen wir weiter!« meinte Fellner. Er zeigte in die Ferne. »Wer sind die Leute dort, und was machen sie?«
»Das sind Archäologen. Sie graben die alten Witze aus und verkaufen sie als neu. Gehen wir in das Café gegenüber?«
»Gern.«
Sie wollten die Straße überqueren, als knapp vor ihnen ein Bus hielt. Der Schaffner zerrte einen Mann mit einem langen weißen Bart heraus und rief nach der Polizei. Ein dicker Polizist erschien.
»Was ist hier los?« fragte er.
»Der Herr hier will mit einem Kinderfahrschein fahren und weigert sich nachzuzahlen.«
»Sie mit einem Kinderfahrschein?« fragte der Polizist streng. »Sie haben doch einen weißen Bart?«
»Nicht meine Schuld«, sagte der Mann. »Ich habe so lange auf den Bus gewartet.«
Fellner und die Gute Laune betraten das Café.
»Guten Tag!« begrüßte sie der Ober. »Wenn Sie hier Platz nehmen wollen? Was wünschen Sie?«
»Einen Kaffee«, sagte die Gute Laune.
»Mir auch einen Kaffee — aber ohne!« Fellner meinte ohne Schlagobers. In Wien bestellt man das so.
»Wünschen Sie einen Löffel dazu?« fragte der Ober.
»Selbstverständlich . . .«

»Dann sagen Sie nicht ›ohne‹«! meinte der Ober und ging.
»Der ist aber frech!« empörte sich Fellner.
»Alles nur Witz!« beruhigte ihn die Gute Laune. »Siehst du den Tisch dort? Das sind die Comic-strips-Figuren aus den Zeitungen.«
»Und die großen Blasen, die sie vor dem Mund haben?«
»Das sind die Sprechblasen. Da kann man die Geräusche lesen, die die Figuren machen.«
»Krzkrch!« zeigte die Blase vor dem Mund des »Phantoms«, als dieses den Stuhl rückte.
»Krchkrz!« Detektiv Rip Korby stellte seine Tasse auf den Tisch.
Balduin, der GI, trank ein Glas Wasser. »Gluglugluglug!« las man in der Sprechblase.
»Dort drüben«, erklärte die Gute Laune weiter, »sitzt der zerstreute Professor, das Pärchen in der Loge sind die Flitterwöchner, der Mann mit dem Dackel ist der ewig aufschneidende Oberförster ...«
»Und der graumelierte Herr, der jetzt auf unseren Tisch zukommt?«
»Den wirst du gleich erkennen.«
»Küß die Hand, Gnädigste!« näselte der Herr und küßte der Guten Laune die Hand.
»Guten Tag, Altgraf!« Sie stellte vor: »Herr Fellner — Altgraf Bobby! Wie geht's, Altgraf?«
»Danke, ich komme eben vom Arzt. Er sagt, für einen Neunzigjährigen bin ich sehr gut beisammen — der Fehler ist nur, daß ich erst fünfzig bin! Verzeihung — dort wartet der Mucki! Tschau!« Er verschwand.
Ein anderer Herr näherte sich. Er sah sich vorsichtig nach allen Seiten um, raunte Fellner »Bsbs« ins Ohr und ging weiter.
»Wer war denn *das*?«
»Der Flüsterwitz. Er lebt in befreiten Ländern, wo Flüstern die Umgangssprache ist.«
»Wer sind die beiden hübschen Damen am Nebentisch?«
»Die ›Guten Freundinnen‹. Hören wir, was sie reden!«
»Du siehst aus, Gerti«, sagte die erste süßlich. »Entzük-

kend! Der Hut macht dich um zehn Jahre jünger. Man würde dich für höchstens fünfundzwanzig halten!«
»Und du, Elli«, meinte die zweite mit gezwungenem Lächeln, »wie du deine Sachen schonst! Das Kleid, das du da trägst, kenne ich mindestens schon seit fünf Jahren! Wo nur Inge bleibt?«
»Grüß euch Gott, Kinder!« Es war Inge.
»Da bist du ja! Du bist ja ganz außer Atem?«
»Mich hat ein Mann auf der Straße angesprochen, da bin ich gelaufen!«
»Und? Hast du ihn eingeholt?«
Elli wechselte schnell das Thema. »Weißt du schon, daß Gerti sich verlobt hat?«
»Nein!« sagte Inge überrascht. »Mit wem, Gerti?«
»Mit dem jungen Anwalt, den ich dir neulich vorgestellt habe. Hier ist mein Verlobungsring.«
Inge bewunderte das Schmuckstück. »Sehr schön!« sagte sie. »Ich wußte gar nicht, daß es so kleine Brillanten gibt!«
»Ich werde auch bald so weit sein!« warf Elli ein. »Doktor Reisfleisch hat um meine Hand angehalten. Würdest du ihn an meiner Stelle nehmen?«
Inge brauchte nicht lang nach einer Antwort zu suchen. »An *deiner* Stelle«, meinte sie, »würde ich jeden nehmen!«
Der Ober näherte sich. »Da ist der Kaffee!« sagte er zu Fellner.
»Da schwimmt doch eine Fliege drin!«
»Was denn haben Sie erwartet? Einen Goldfisch?«
»Zahlen!« meinte die Gute Laune und warf dem Ober ein Geldstück hin. »Der Rest ist für Sie.«
»*Der* Rest?« rief der Ober den beiden nach. »Hätten Sie ihn nicht kleiner? Dann könnte ich wenigstens damit in der Tasche klimpern!«
»Ein komisches Kaffeehaus!« sagte Fellner auf der Straße.
»Wir sind ja auch im Land des Lachens.«
»Was sind das für eigenartige Vögel, die da in der Luft herumfliegen?«
»Witzvögel. Brieftauben, die man mit Papageien gekreuzt hat, damit sie nach dem Weg fragen können.«

»Schau, das reizende Kind, das dort aus dem Fenster blickt!« rief Fellner plötzlich entzückt. »Bist du ein Mäderl oder ein Buberl?«
»Ein Mäderl bin ich nicht!« sagte das Kind frech.
»Also ein Buberl?«
»Was sonst? Es gibt doch nur die zwei Modelle!«
»Der Kindermund«, erklärte die Gute Laune und führte Fellner weiter.
»Treten Sie näher, meine Herrschaften!« rief da wieder eine andere Witzfigur — der Straßenverkäufer. »Hier bekommen Sie ›Klapox‹, das Universalgerät! ›Klapox‹, der Apparat mit den hundert Verwendungsmöglichkeiten! ›Klapox‹, der ideale Büchsenöffner! Drehen Sie ihn um — ein Gasanzünder! Drücken Sie auf den Knopf — ein Schraubenzieher! Ziehen Sie den Stift heraus — eine Nagelfeile! Und das ist noch nicht alles! ›Klapox‹ hat wirklich hundert Verwendungsmöglichkeiten! Halten Sie ihn vertikal — ein Brieföffner! Halten Sie ihn horizontal — ein Kugelschreiber! Schütteln Sie ihn — ein Zigarettenspitz! Schütteln Sie ihn zweimal — ein Zigarrenspitz! Schrauben Sie den Kopf ab — ein Aschenbecher! Drücken Sie ihn zusammen, ein Lesezeichen! Versuchen Sie, mein Herr«, er gab das Gerät einem der Umstehenden in die Hand, »sehen Sie selbst! ›Klapox‹, der Apparat mit den hundert Verwendungsmöglichkeiten! Ziehen Sie hier — eine Taschenlampe! Ziehen Sie da — ein Briefmarkenbefeuchter! Nehmen Sie ihn auseinander — ein Klebemittel! Stecken Sie ihn wieder zusammen — ein Stempelkissen! Werfen Sie ›Klapox‹ in die Luft — ein Futternapf für Kanarienvögel! Werfen Sie ›Klapox‹ zu Boden — ein Kartoffelschäler! ›Klapox‹ im Kreis gedreht — ein Rasierapparat! ›Klapox‹ schräg gehalten — ein Luftreiniger! ›Klapox‹ hat wirklich hundert Verwendungsmöglichkeiten! Wollen Sie ihn nicht behalten?« wandte er sich an den Herrn.
»Nein!« schnaubte dieser wütend. »Nehmen Sie Ihren ›Klapox‹, oder ich werfe Ihnen den Schmarren an den Kopf!«

Der Verkäufer strahlte.
»Hundertundeine Verwendungsmöglichkeit!« rief er.
Plötzlich ertönte Marschmusik.
»Unsere Armee!« rief die Gute Laune stolz.
Da kamen sie schon anmarschiert: der Oberst mit dem Schnauzbart, der Leutnant mit dem Monokel im Auge, der Schleifer-Unteroffizier und die dummen Rekruten.
»Halt!« kommandierte der Unteroffizier. »Ganzer Zug — abtreten!« Oberst und Leutnant zogen sich zurück, der Unteroffizier wandte sich an zwei seiner Sorgenkinder: »Ihr zwei bleibt da! Wir halten strategischen Unterricht! Habt — acht!« Drohend ging er auf die beiden zu. »Das ist Habt acht? Wenn ich ›Habt acht‹ sage, hat es euch einen Ruck zu geben, daß man es vom Seismograph ablesen kann! Du da!« schrie er den einen an. »Was warst du in Zivil?«
»Herausgeber einer Zeitung«, antwortete der Befragte zitternd.
Der Unteroffizier stemmte die Hände in die Hüften. »Also Intellektueller!« sagte er höhnisch. »Das hab i scho' g'fressen! Haben Sie Ihr Blatt rechts oder links eingestellt?«
»Ich habe es ganz eingestellt.«
»Dann ist es gut!« Er wandte sich dem andern zu. »Du da!« schrie er wieder. »Was warst *du* in Zivil?«
»Glücklich!« sagte der Rekrut und schwelgte in Erinnerung.
»Du Hirsch, du!« tobte der Unteroffizier. »Aber aus euch werde ich auch noch Soldaten machen! Du da!« kam der erste wieder dran. »Ich werde dich etwas fragen: Was würdest du tun, wenn du in einem Engpaß wärst — vor dir ein feindlicher Panzer — hinter dir ein feindlicher Panzer — und aus der Luft wirst du aus einem Maschinengewehr beschossen?«
»In einen solchen Engpaß gehe ich gar nicht hinein!« antwortete der Rekrut ehrlich.
Der Unteroffizier wollte eben seinen ganzen Vorrat an Schimpfwörtern auf die beiden loslassen, als ein dritter

Soldat vorüberkam. Der Unteroffizier traute seinen Augen nicht.
»He, du da!« rief er ihn zu sich. »Du trägst ja zur Uniform gelbe Schuhe! Ich an deiner Stelle würde mir einen Zylinder aufsetzen!«
Der Soldat sah ihn ungläubig an. »Einen Zylinder?« wiederholte er. »Zu gelben Schuhen?«
Fellner hatte genug. »Wozu braucht ihr eine Armee?« fragte er die Gute Laune.
»Zu unserer Verteidigung. Wir werden doch ständig von unserem Feind, dem Land des Weinens, bedroht. Schon morgen kann es Krieg geben.«
»Krieg?« fragte Fellner. »Auch bei euch? Da hört sich das Lachen auf. Ich fahre nach Hause.«
»Ich stelle dir selbstverständlich meinen fliegenden Teppich zur Verfügung . . .«
»Danke, ich fahre mit der Bahn.« Er stieg in den Zug.
»Hallo!« rief ihm ein Passagier aus dem Gepäcknetz zu.
»Wer sind Sie?« wunderte sich Fellner. »Warum liegen Sie im Gepäcknetz?«
»Weil ich eine Netzkarte habe!« sagte der Passagier.
Fellner wußte nicht, wie es kam — plötzlich stieg er am Wiener Westbahnhof aus. Seine Witze für die heutige Party hatte er beisammen.
Ob es das Land des Lachens wirklich gibt? Ich weiß es nicht. Wie immer es sei, es wird seither von allen Humoristen der Welt gesucht.

Inserat: Die Operette »Das Land des Lächelns« von Franz Lehár bittet uns um die Feststellung, daß es mit der Satire »Das Land des Lachens« von Hugo Wiener weder verwandt noch identisch ist. (Eingesendet)

Alter Bibelspruch: »Es ist nicht gut, daß der Mensch allein sei.«
Ich finde das nicht richtig. Es müßte heißen: »Es ist nicht gut, daß der Mensch *immer* allein sei.«
Nicht, daß ich meine Frau nicht gern hätte. Ich liebe sie und bin glücklich mit ihr. Nur bin ich schon so lange glücklich, daß eine kurze Unterbrechung nicht schaden könnte. Nur ein paar Wochen.
Und jetzt ist es soweit. Meine Frau fuhr gestern zur Erholung in eine Kneipp-Kuranstalt.

Ich bin Strohwitwer

Um zehn Uhr vormittags lag ich noch im Bett und dachte nach, wie ich meine nächste Zukunft gestalten würde. Hübsche Mädchen? Pfui! An so etwas denke ich nicht gerade in einem Augenblick, in dem meine Frau sich einer anstrengenden Kur unterziehen muß — an so etwas denke ich immer. Aber heute — nein. Keine Mädchen, keine Freunde — nichts. Ich werde nur meiner Gesundheit leben. Werde zu Hause bleiben, nicht zuviel arbeiten, werde endlich einmal zum Lesen kommen, werde mir selbst kochen — kochen! Ich werde gleich mit dem Frühstück beginnen.

Ich sprang aus dem Bett und legte mich sofort wieder hin. Aus dem Bett springe ich täglich. Heute konnte ich gemächlich aus dem Bett *steigen.*

Ich ging in die Küche, stellte das Teewasser zu und — halt! Ein Tischtuch! Ich frühstücke gern auf einem Damasttischtuch, während meine Frau eines aus Kunststoff vorzieht. Sie findet es praktischer. Ich nahm also ein schönes Tischtuch aus dem Schrank, wollte es aufbreiten — es war ein Leintuch. Ich mußte es also wieder zusammenfalten. Haben Sie schon einmal ein Leintuch zusammengefaltet? Das ist fast so schwierig wie das Ausfüllen einer Steuererklärung. Nach einer halben Stunde stopfte ich es in die Wäschekiste, in der naiven Annahme, meine Frau würde glauben, sie hätte es hineingegeben. Egal. Ich nahm ein anderes Tischtuch, diesmal ein richtiges, eines mit Fransen, und legte es auf. Haben Sie schon einmal ein Tischtuch aufgelegt? Auch das ist nicht so einfach. Vor allem muß der Tisch leer sein. Nun stehen auf unserem Frühstückstisch Vitamine, Medikamente, Gläser und Fläschchen, die ich alle erst wegräumen mußte. Ich stand also da, das offene Tischtuch wie einen Mantel über den Arm geschlagen, in der linken Hand die Gläser, in der rechten die Fläschchen — ich mußte sie wo abstellen. Aber wo? Ha! Auf das Serviertischchen. Wo ist das Serviertischchen? Das war doch immer da? Hab's schon — im Wohnzimmer. Wir hatten gestern das Ehepaar Spannagl zum Tee. Dabei gab es eine kleine Panne.

Ich habe meiner Frau schon so oft gesagt: »Wenn du zu deinen Gästen charmant sein willst, dann sage, sobald sie kommen, ›endlich!‹, und sobald sie gehen, ›schon?‹« Gestern passierte ihr ein Lapsus. Als die Spannagls kamen, sagte sie ›schon?‹, und als sie gingen, sagte sie ›endlich!‹.

Aber ich vergesse das Frühstück. Ich legte Gläser, Fläschchen und das Damasttischtuch, das mit den Fransen, auf den Boden, weil ich ja das Serviertischchen erst durch die enge Tapetentür, die in unser Schlafzimmer führt, bringen mußte. Haben Sie schon einmal ein Serviertischchen durch eine enge Tapetentür gebracht? Eine artistische Leistung. Bald fuhr ich rechts an, bald links — endlich kam ich durch. Leider hatte ich dabei einen Unfall. Ich riß ein Stück der neuen Tapete ab, wodurch sie einem jener gefälligen Rollhandtücher glich, wie man sie in allen besseren Kaffeehaustoiletten findet. Ich werde sie morgen von einem Tapezierer richten lassen. Jetzt stellte ich Gläser und Fläschchen auf das Serviertischchen und legte das Damasttischtuch auf den Tisch. Inzwischen war es elf geworden, aber das Schwierigste hatte ich ja hinter mir. Was jetzt kam, war ein Kinderspiel. Ich ging in die Küche, öffnete den Eisschrank und gustierte. Was sollte ich nehmen? Butter natürlich, Honig, etwas Wurst, Käse und ein weiches Ei. Wie lange muß ein Ei kochen, bis es weich ist? Ich schätzte, zwei Minuten. Ich stellte also das Ei auf den Gasherd und den Zeiger der Eieruhr auf Ziffer zwei. Flamme anzünden. Wo sind die Streichhölzer? Ich bin Nichtraucher und besitze keine, ich mußte sie also suchen. Haben Sie schon einmal Streichhölzer gesucht? Das ist gar nicht so leicht. Vor allem, wo sucht man Streichhölzer? Im Eisschrank waren sie nicht. Ich nahm die Küchenleiter und suchte in dem Vorratskasten, den meine Frau, für den Fall von Versorgungsschwierigkeiten, ganz oben an der Wand angebracht hatte. Ich fand Reis, Mehl, Sardinen — nur keine Streichhölzer. Ich stieg von der Leiter, verlor einen meiner Hausschuhe und stieß einen lauten Schrei aus. Nicht wegen des Hausschuhs. Ich war auf einen Reißnagel getreten, der aus einer Schachtel gefallen war, die ich für eine Streichholzschachtel gehalten hatte. Es war keine Streichholzschachtel. Nachdem ich vor Schmerzen ungefähr eine halbe Minute auf einem Fuß herumgehüpft war, sah ich die Streichhölzer. Sie lagen neben dem Gasherd. Jemand mußte sie hingelegt haben, während ich auf der Leiter stand. Ich stellte die Leiter wieder auf ihren Platz zurück, wobei ich das Glas der Deckenbeleuchtung zerbrach. Ich werde es morgen von einem Elektriker richten lassen. Ich wollte die Gasflamme anzünden und verbrannte mir die Finger. Haben Sie sich schon einmal die Finger verbrannt? Es ist nicht zu glauben, wie schnell man eine Brandblase hat. Wo ist die Brandsalbe? Wir *haben* eine Brandsalbe, aber wo ist sie? Ich bin sicher, daß ich sie gesehen habe, als ich neulich die Schuhbänder suchte. Bei uns findet man alles, was man nicht sucht, und zwar dort, wo es nie wäre, wenn man es suchen würde. Mehl, schoß es mir plötzlich durch den Kopf! Mehl soll gut gegen Brandblasen sein. Ich holte die Leiter — diesmal riß ich die ganze Deckenbeleuchtung herunter —, aber der Elektriker mußte ja sowieso kommen. Daß ich dabei einen Kurzschluß verursacht hatte, sah ich erst am Abend, als ich mich gemütlich hinsetzte und einen Krimi lesen wollte. Ich stieg also auf die Leiter, nahm einen Sack Mehl aus dem Vorratskasten und schüttete mir ein paar Stäubchen auf meinen wunden Finger. Das heißt, ich *wollte* mir ein paar Stäubchen auf meinen wunden Finger schütten. Den paar Stäubchen folgte das ganze Mehl, etwa so, wie 1848 bei Custozza die österreichischen Grenadiere dem alten Radetzky gefolgt waren. Daß der Fußboden wie ein Schaufenster zur Weihnachtszeit aussah, will ich gar nicht erwähnen.

Egal — von solchen Kleinigkeiten lasse ich mir mein Frühstück nicht verderben. Ich stellte die Leiter auf ihren Platz zurück und nahm die halbe Küchendecke mit. Ich werde das morgen von einem Maurer richten lassen. Jetzt läutete es. Ich schoß zum Telefon — niemand. Ich schoß ins Vorzimmer, um die Tür zu öffnen — die Tür war noch vom Abend vorher verschlossen. Ich schoß um die Schlüssel, schoß zurück, öffnete — niemand. Was da läutete, war die Eieruhr. Ich stellte sie ab, drehte die Flamme aus, nahm den Topf, hob den Deckel hoch und sah etwas Schwarzes, Verkohltes auf dem Boden des Topfes liegen. Ich glaube, ich hätte das Ei in Wasser kochen lassen sollen. Forget it! Eier sind gar nicht so gesund.

Ich richtete eine kalte Platte an, nahm eine Tasse, Untertasse, Besteck, Butter und Honig, gab alles auf das Tablett, auf dem meine Frau das Frühstück zu servieren pflegt, trug es ins Schlafzimmer, stellte es auf den Tisch, alles möglichst appetitlich. Dazu schaltete ich das Radio ein und sang vor mich hin: »I'm singing in the rain, I'm singing in the rain, ich bin eine kleine Hausfrau, I'm singing in the rain!« Ich war mit mir sehr zufrieden, weil ich nichts vergessen hatte. Doch — das Brot!

Ich machte im Rhythmus der Musik eine Kehrtwendung — aber das soll man nicht, wenn man ein Tischtuch mit Fransen hat. Einige der Fransen verfingen sich in einen Knopf meiner Hausjacke, es gab einen Krach — ich hatte das Tischtuch, mit allem, was draufstand, heruntergerissen. Wurst und Käse lagen auf dem Boden, während sich der Honig, hämisch grinsend, auf dem Teppich ausbreitete. Ich wollte ein Tuch holen, um ihn aufzusaugen. Haben Sie schon einmal versucht, Honig von einem Teppich aufzusaugen? Versuchen Sie es nicht! Ich trat in das klebrige Zeug — ich werde morgen einen neuen Teppich kaufen. Ob meine Frau sich an das Muster erinnert? Möglich wäre es. Ich werde ein Stück Teppich herunterschneiden und so lange suchen, bis ich ein ähnliches Muster gefunden habe. Ich legte Wurst und Käse wieder auf den Tisch, es sah lange nicht mehr so appetitlich aus wie vorher. Aber man darf sich durch solche Lappalien nicht unterkriegen lassen. Ich ging in die Küche zurück und freute mich bereits auf das freundliche Brummen und Summen des kochenden Teewassers. Nichts. Es summte

nichts, es brummte nichts. Ich hatte vergessen, die betreffende Flamme anzuzünden.
Und doch verzichtete ich nicht auf mein Frühstück. Ich zog mich an und ging ins Kaffeehaus.

Alter Bibelspruch: »Es ist nicht gut, daß der Mensch allein sei.«

Wohin geht der Wiener, wenn er lustig ist? Zum Heurigen.
Wohin geht der Wiener, wenn er traurig ist? Zum Heurigen.
Wohin geht der Wiener, wenn er amerikanische Touristen sehen will? Zum Heurigen.
Und gestern war auch ich

Beim Heurigen

Ich ging weder hin, weil ich lustig, noch weil ich traurig war. Auch nicht, weil ich amerikanische Touristen sehen wollte. Ich ging hin, um eine Viertelstunde auszuspannen.
Ich hatte um 14 Uhr eine Besprechung, bei der ich ziemlich viel reden mußte, um 16 Uhr war ich bei einem Vortrag, bei dem ich ziemlich lang zuhören mußte. Jetzt wollte ich gar nichts. Weder reden, noch zuhören. Ich wollte nur dasitzen und vor mich hindösen. Und ich schien mir den richtigen Platz ausgesucht zu haben. Links von mir saß ein altes Ehepaar, das genüßlich seinen Wein trank, rechts saßen vier tarockierende Rentner. Mir gegenüber sah ich einen Mann, der bereits ziemlich blau zu sein schien und der, vor sich hin murmelnd, stur in sein Glas sah. Plötzlich erblickte er mich. Er schwankte eine Weile, dann nahm er sein Glas und schwankte weiter. Direkt auf mich zu.
»Sie gestatten ...«, lallte er. Ich nickte, und er nahm Platz. Hätte ich nicht genickt, hätte er auch Platz genommen. Das ist ja das Gemütliche beim Heurigen, daß man allein bleibt, wenn man Gesellschaft sucht, und Gesellschaft findet, wenn man allein bleiben will.
»Der Herr sind Wiener?« fragte mein neuer Bekannter. Ich nickte wieder.
»Es is' ja nur, weil man sich mitteilen will«, sagte er langsam und undeutlich. »Wenn man allein is', is' einem jeder recht.«
»Danke!« sagte ich geschmeichelt.
»Sie brauchen sich nicht zu bedanken«, sagte er, »ich war ja auch einmal bei der Post.«
Erstaunt sah ich auf. Er machte einen tiefen Zug aus seinem Glas. Das war der letzte Zug, der ankam, dann brach das Verkehrsnetz zusammen. Ab jetzt ging alles durcheinander.
»Ich geh heute über den Stephansplatz«, sagte er, »plötzlich seh ich beim Donauturm einen Herrn, der mir bekannt vorkommt. Auf der einen Seite war er mager. Ich frag ihn ganz unschuldig, warum er mir grad auf dem

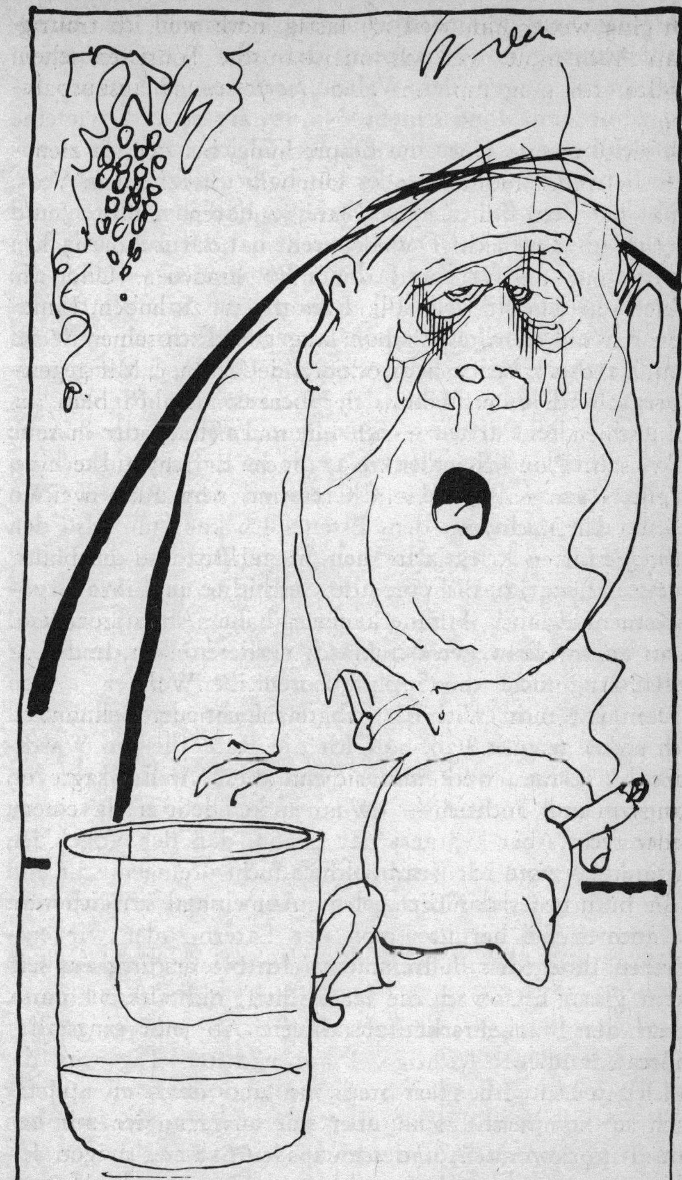

Flugplatz das Einmaleins aufsagt. Kommt der Eisenbahnbeamte und behauptet, daß der Wein heuer so schlecht is' wegen der Weltraumraketen, die unser Finanzamt zum Mond schießt. Na, ich ärgere mich wie eine Pendeluhr und sag zu der Dame: ›Gleich tragst du es zurück!‹, weil ja schon wieder ein halbes Kilo gefehlt hat. Gibt der dem Buben eine Ohrfeige, daß ihm Hören und Sehen vergangen ist! Der Architekt hat darüber zu lachen angefangen — der war ja beim Fotografen —, aber die Queen Elisabeth? Wie soll denn die die Salatplatte machen? Wo sie vielleicht schon länger Schlittschuh läuft als der Karajan! Meine Schwester, die Ursula, hat sich aufgeregt, weil ich nicht bei der Hochzeit war. Ich sag: ›Es is' gut — drei Partien — Sie teilen!‹ Laßt sich der dumme Kerl richtig in Öl malen! Na, die zwei fangen gleich zu streiten an — sagt der Chinese zu dem Russen: ›Wo bleibt der Mann mit dem Essen?‹ Ich kauf mir also den neuen Hut — kriegt das Vieh Junge! Bitte — die Hausmeisterin sagt, das is' eine alte Geschichte, und ihre Großmutter hat auch Hühneraugen g'habt. Aber trotzdem! Dürfen wir deswegen das Match verlieren? Wo der Sadat noch lang nicht die Sophia Loren is'! Weil er ja den Busen gar nicht hat! Ich hab das Licht abgedreht, weil ich nicht gewußt hab, soll ich die Rate für die Waschmaschin zahlen oder nicht. Denn diese Ähnlichkeit von Mutter und Tochter — da is' ja keine Spur davon zu bemerken. Aber geärgert hat es ihn, daß der Vogel den Spinat g'fressen hat. Ich hab mich nicht dreingemischt und hab mich unter das Bett gelegt. Auf einmal schreit einer: ›Kommen Sie herunter von der Latern, oder wir entziehen Ihnen den Führerschein!‹ Ich bin erschrocken, hab aber getan, als ob ich die Handschrift nicht lesen könnte. Sagt der Blumenverkäufer: ›Wetten — morgen ist der Fleck draußen!‹ Richtig — am nächsten Tag war die Milch teurer. Ich sperr mich ein und denk mir: ›Jetzt soll er kommen!‹ Es is' aber gut ausgegangen. Ich hab im Toto gewonnen, und schwups — hat er sich von seiner Frau scheiden lassen, obwohl sie einmal ein erstklassiger Traber war. Ich bin ein Mensch, der sich jeden Tag rasiert — aber deshalb darf man mir doch nichts Schlechtes nachsagen?« Er begann zu weinen. »Was kann denn ich dafür, wenn der Hund die Tulpen ausreißt? Es war ja nicht *mein* Wagen! Das muß ich mir doch nicht bieten lassen, nur weil der Flegel unserem Haus ähnlich schaut! Schließlich hat das Gericht zu entscheiden, ob der Säugling Alimente zu bezahlen hat. Ich bin ja ein Mensch, der . . .«

Ich ließ ihn reden, bezahlte und ging.

Sie bedauern, daß Sie ihn nicht gehört haben?
Wenn Sie sich beeilen — ich glaube, er redet noch immer.

Meine Mutter liebte Kinder. Sie hätte Gott weiß was dafür gegeben, wenn ich eines gewesen wäre. (Groucho Marx)

Rotkäppchen

»Du mußt es tun!« sagte meine Frau. »Du kannst das Kind nicht enttäuschen.«
Das Kind war mein Neffe Ladi, der jetzt bald 10jährige Lausbub, und was ich tun mußte — oder vielmehr sollte und nicht wollte —, war folgendes: Ladi hatte den Wunsch, an seinem Geburtstag mit einigen seiner Freunde ein Theaterstück aufzuführen, und ich sollte es schreiben.
»Du kannst den Jungen nicht im Stich lassen!« redete meine Frau mir ins Gewissen.
»Nicht?« meinte ich höhnisch. »Oho!«
»Schreibst du es? Ja oder nein?« fragte meine Frau und sah mich mit einem jener Blicke an, von denen ich immer das Gefühl habe, daß mindestens 10 cm von ihnen hinter meinem Rücken zum Vorschein kommen.
Ich pflanzte mich in meiner ganzen Größe vor ihr auf und sagte energisch: »Ja.«
Was schreibt man für ein zehnjähriges Kind? Wir einigten uns auf ein Märchen, genauer gesagt auf »Rotkäppchen«. Nur der Titel gefiel uns nicht. Man könnte ihn für eine politische Schleichwerbung halten. Mit »Schwarzkäppchen« wäre es nicht anders. Wir beschlossen also, das Märchen »Buntkäppchen« zu nennen. Meine Frau holte »Die Märchen der Brüder Grimm« aus dem Bücherschrank, schlug die Seite 193 auf, und ich begann zu schreiben:

(Stube bei Buntkäppchens Mutter. Buntkäppchen und die Mutter sind auf der Szene)

MUTTER: Komm, Buntkäppchen, da hast du ein Stück Kuchen und eine Flasche Wein, bring das der Großmutter hinaus; sie ist krank und schwach und wird sich daran laben. Mach dich auf, bevor es heiß wird, und wenn du hinauskommst, so geh hübsch sittsam und lauf nicht vom Weg ab, sonst fällst du und zerbrichst das Glas, und die Großmutter hat nichts. Und wenn du in ihre Stube kommst, so vergiß nicht »guten Morgen« zu sagen und guck nicht erst in allen Ecken rum!

Soweit die Brüder Grimm. Ich schrieb weiter. Das 2. Bild spielte im Wald, Buntkäppchen begegnete dem Wolf, der es fressen wollte. Er dachte aber: »Gehst zuerst zur Hütte der Großmutter, dort hast du beide auf einen Schlag!« In der Hütte — 3. Bild — fraß er die Großmutter — wie erbaulich für die Kinderseele —, zog sich ihre Kleider an und legte sich in ihr Bett. Buntkäppchen kam und fragte.

BUNTKÄPPCHEN: Ei, Großmutter, was hast du für große Ohren?

WOLF: Damit ich dich besser hören kann.

BUNTKÄPPCHEN: Ei, Großmutter, was hast du für große Augen?

WOLF: Damit ich dich besser sehen kann.

BUNTKÄPPCHEN: Ei, Großmutter (die vielen Eier gefielen mir gar nicht), was hast du für große Hände?

WOLF: Damit ich dich besser fassen kann.

BUNTKÄPPCHEN: Aber, Großmutter (Gott sei Dank, diesmal kein Ei), was hast du für einen großen Mund?

WOLF: Damit ich dich besser fressen kann! (Der Wolf frißt das Buntkäppchen, dann legt er sich wieder in das Bett und beginnt zu schnarchen.)

(Der Jäger, ein schmucker, junger Mann, tritt ein.)

JÄGER: Ich wollte eben an der Hütte vorüber, als ich Euch schnarchen hörte, gute Frau! Doch — was seh ich? Das ist ja der Wolf! Habe ich dich endlich, alter Sünder? (Er legt die Büchse auf ihn an, überlegt es sich wieder.) Doch halt! Der Wolf hat sicherlich Buntkäppchen und die Großmutter verschluckt! Meine Kugel könnte sie treffen! Ich werde ihm lieber den Bauch aufschneiden!

Meine Frau und ich beschlossen, auf etwaige Proteste des Tierschutzvereins keine Rücksicht zu nehmen.

(Der Jäger schneidet mit einer Schere dem Wolf den Bauch auf, Buntkäppchen und die Großmutter springen heraus.)

BUNTKÄPPCHEN: Ach, wie dunkel war es doch im Bauch des Wolfes!

JÄGER: Laßt uns seinen Leib mit großen Steinen füllen! (Die drei füllen den Leib des Wolfes mit großen Steinen, der Wolf wacht auf, will fortspringen, aber die Steine sind so schwer, daß er niedersinkt und stirbt.)

BUNTKÄPPCHEN (geht zur Rampe und spricht zu den Kindern im Publikum): Merkt euch das! Geht nicht vom Wege ab in den Wald, wenn's euch die Mutter verboten hat!

Vorhang fällt.

Meine Frau und ich waren mit unserer Arbeit sehr zufrieden. Am nächsten Tag bekam Ladi das Manuskript. Der Geburtstag nahte, und wir waren natürlich eingeladen. Ladis Vater hatte für den Nachmittag ein Kellertheater gemietet, es gab mindestens achtzig Gäste, man setzte uns in die 1. Reihe. Ladi hatte mir vor der Vorstellung noch zugeraunt: »Ich habe es ein bißchen abgeändert, und zwar habe ich die Handlung in die Gegenwart versetzt. Das wird dir doch nichts ausmachen.« Ich hatte kein gutes Gefühl.

Ladis Vater drückte mir ein Programm in die Hand. Wir lasen:

ROTER HUT UND BLAUE BOHNEN

(Nach dem Märchen »Rotkäppchen« der Brüder Grimm, bearbeitet von HUGO WIENER, neubearbeitet von LADI ZUCKMANN)

Ich hatte kein gutes Gefühl. Wir lasen weiter: das Personenverzeichnis.

WOLF, Barbesitzer
SHIRLEY, Sängerin
REDHEAD, ihre Enkelin
JAMES BOND
HUNTER, Detektiv
SENATOR
MIKE, Barkellner
RONNY, JESSY, MICKEY, SANDY } Bardamen

Ich hatte kein gutes Gefühl. Aber schon ging der Vorhang auf. Wo war die Stube der Mutter? Wir befanden uns in einem Nachtlokal. An einem der Tische saß Georg Frischler, Ladis Freund, als Senator — an den andern Tischen waren die »Bardamen« (Ladis Freundinnen?) placiert. Aus ihrem Gesang ging hervor, daß sie auf Männer warteten. Ich hatte kein gutes Gefühl. Der Dialog begann.

SENATOR (ruft): Mike!

MIKE (im profanen Leben Hans Dörfler, ebenfalls ein Freund Ladis, nähert sich): Sir? (Er reicht dem Senator die Getränkekarte)

SENATOR (liest scheinbar, sagt aber leise, zwischen den Zähnen): Wo ist der Boß? Ich muß ihn sprechen. Joe hat gepfiffen.

MIKE (ebenfalls leise): Damned!

SENATOR: Der Rauschgiftschmuggel fliegt auf.

Jetzt kam Ladi. Er hatte den dunklen Geburtstagsanzug an, um den Hals trug er eine graue Krawatte, im Gesicht eine schurkische Miene. Starker Applaus begrüßte ihn. Er näherte sich dem Senator. Aus dem Programm ersah ich, daß er den Wolf spielte. Ich hatte kein gutes Gefühl.

WOLF: Hallo, Senator!

SENATOR: Wolf! Sit down!

WOLF (setzt sich, zu Mike): Whisky!

MIKE: Okay! (Er entfernt sich)

Die Zuschauer sahen gespannt auf die Bühne. Ich auch. Was hatte sich der Bengel da zurechtgelegt? Aber schon ging's weiter.

WOLF: Well?

SENATOR: Ich warne Sie. Der neue Gouverneur ist gefährlich.

WOLF (unbesorgt): Man muß ihm den Mund stopfen.

SENATOR: Womit?

WOLF: Mit Geld. Alles hat seinen Preis.

SENATOR: Der Gouverneur ist so reich, daß er im eigenen Flugzeug herumfliegt.

WOLF: Ich kenne viele, die im eigenen Flugzeug herumfliegen.

SENATOR: Aber nicht in der Wohnung.

Die Leute lachten. Ich auch.

WOLF: Der Polizeichef ist auf unserer Seite.

SENATOR: Der Gouverneur verläßt sich nicht auf die Polizei. Er hat sich an James Bond gewandt. Man weiß bereits, daß die Spuren der Rauschgifthändler hierherführen. Man wird nach dem Stoff suchen.

WOLF: Man wird ihn nicht finden. Meine Sängerin, Shirley, hat ein Enkelkind: Redhead. Sie bringt ihrer Großmutter jeden Abend in einem Körbchen die Tuben mit dem Make-up — —

SENATOR: Und?

WOLF: In diesen Tuben ist das Heroin versteckt. Redhead weiß es nicht, und kein James Bond der Welt wird dahinterkommen, wie das Rauschgift in mein Haus gelangt.

Ich schmunzelte. Gar nicht ungeschickt. Mike brachte eine Flasche und zwei Gläser.

MIKE: Whisky, please.

Er goß ein. Im selben Moment kam Shirley, die Sängerin. Es war Dagmar, Ladis zwölfjährige Schwester. Nach einigen belanglosen Sätzen, in denen Ladi die Gäste aufforderte, in den Spielraum zu gehen, blieben die beiden allein. Das heißt nicht sofort, da Ladi sich den Gästen anschließen wollte. Aber Shirley-Dagmar hielt ihn zurück und sagte mit einem erotischen Unterton, den ich der Zwölfjährigen niemals zugetraut hätte: »Bleib!«

WOLF: Was willst du?

SHIRLEY: Ist deine Liebe zu mir gestorben?

WOLF: Gestorben ist sie nicht, aber es geht ihr nicht gut.

Lacher. Den Scherz muß ich mir merken. Weiter!

SHIRLEY: Früher nanntest du mich dein Alles — jetzt nennst du mich gar nichts mehr.

WOLF: Sei froh, daß ich mich so zurückhalten kann.

Großer Lacher. Ich staunte. Wo hatte der Fratz den Dialog her? Ich warf einen Blick auf Ladis Eltern. Sie sahen einander an. Ich wußte, woher er ihn hatte.

SHIRLEY: Du liebtest mich — und was ist heute?

WOLF: Heute ist Samstag, ich muß mich ums Geschäft kümmern.

Noch größerer Lacher. Dagmar schrie hysterisch auf.

SHIRLEY: Ich mache nicht mehr mit!

WOLF (drohend): Was machst du nicht mehr mit?

SHIRLEY: Den Rauschgifthandel.

WOLF: Du willst mich verraten?

SHIRLEY: Du sollst ihn aufgeben.

WOLF: Meine Bande würde mich killen. (Er wechselt das Thema) Wo ist Redhead?

SHIRLEY (eifersüchtig): Sie gefällt dir ...

WOLF: Ich will nicht leugnen, daß sie ein »gewisses Etwas« hat ...

SHIRLEY: Und ich will nicht leugnen, daß ich sie nur einem Mann gebe, der »etwas Gewisses« hat. Am besten einem Europäer. Die sind bessere Liebhaber.

WOLF (höhnisch): Die Europäer? Ein Europäer küßt einer Frau zuerst die Fingerspitzen, dann die Hand, dann den Arm, dann die Schulter — bis der zu den Lippen kommt, waschen wir Amerikaner schon die Windeln!

Damit ging er. Das Publikum johlte. Ich kannte den Satz vom Fernsehen her. Ich hatte ihn mir auch notiert.

Dagmar sagte noch: »Schuft, das sollst du mir büßen!«, dann ging auch sie.

Jetzt kamen Fritz Kandl und Egon Katzberg als James Bond und Detektiv Hunter. Nun fiel mir auch der Name auf: Hunter = Jäger! Katzberg schien der Komiker zu sein.

BOND: Hier, Katzberg (er versprach sich tatsächlich, korrigierte aber hastig) — hier, Hunter, ist die Bar, zu der die Spur der Rauschgifthändler fuhrt.

HUNTER: Ich kenne sie. Hier ist mein Schwager als Zauberkünstler aufgetreten.

BOND: Dein Schwager ist Zauberkünstler?

HUNTER: Er war es. Er pflegte seine Partnerin in zwei Teile zu zersägen, und das verbot man ihm.

BOND: Die Polizei?

HUNTER: Die Tischlergewerkschaft.

Diese Pointe hatte er mir gestohlen. Meine Frau hatte sie in einer Coupletstrophe gesungen, und ich war sehr stolz darauf, weil es eine jener seltenen Pointen war, die ich selbst geboren hatte. Ich stieß meine Frau mit dem Ellenbogen, aber sie machte »Pst!« und blickte wie gebannt auf die Bühne.

BOND: Wirst du mir bei der Lösung des Falles Wolf behilflich sein?

HUNTER: Sure. Ich war doch auch Jason King bei dem Fall der drei Puppen behilflich. Erinnerst du dich? (Sie setzten sich.) Wir erfuhren, daß sich in der Spielwarenabteilung eines Warenhauses — in einer Puppe versteckt — ein wichtiges Dokument befand, das einer ausländischen Macht in die Hände gespielt werden sollte. Ich ging hin, drückte die erste Puppe — sie schrie »Mama« — drückte die zweite Puppe — sie schrie »Papa« — drückte die dritte Puppe — eine ganz große —

BOND: Was schrie *die*?

HUNTER: »Polizei!« Es war die Verkäuferin.

Szenenapplaus.

BOND: Du darfst hier nicht als Detektiv auftreten. Bläst du Trompete?

HUNTER: Nein. Hörst du etwas?

Die Leute jauchzten. Kandl setzte fort.

BOND: Ich wollte dich hier als Musiker einführen. Da das nicht möglich ist, wirst du einen Bargast spielen.

HUNTER: Bargast? Da wird mein Girl eifersüchtig sein.

BOND: Girl? Du hast ein Girl? Wie heißt sie?

HUNTER: Redhead. Ein hochanständiges Mädchen, das nicht einmal weiß, daß ein Lokal wie dieses hier existiert.

BOND: Vergiß sie! Die Brücke zu Wolf ist Shirley. Du mußt dich an sie heranmachen. Ich gehe sondieren.

Er ging. Redhead, ein Körbchen in der Hand, trat auf. Es war die vierzehnjährige Susi Kandl, James Bonds Schwester. Daß die Enkelin älter ist als die Großmutter, soll auch an größeren Bühnen vorkommen. Susi stolperte über einen heraussstehenden Nagel, lachte, faßte sich aber sofort wieder. »Hunter!« sagte sie überrascht.

HUNTER (ebenfalls überrascht): Redhead! Wie kommst du in dieses Lokal?

REDHEAD: Dasselbe könnte ich dich fragen!

HUNTER: Ich bin dienstlich hier.

REDHEAD: Und ich bringe meiner armen, alten Großmutter in diesem Körbchen Vitamine und Hormone, die sie stärken sollen — und auch Make-up.

HUNTER: Deiner Großmutter? Wer ist das?

REDHEAD: Shirley, die Sängerin.

HUNTER: Gib mir das Körbchen, ich bringe es ihr.

REDHEAD: Da hast du. Aber Vorsicht mit dem Make-up. Grandma macht mich täglich darauf aufmerksam.

HUNTER (für sich): Im Make-up ist es also! (Zu Redhead) Dafür kriegst du einen Kuß!

Katzberg wollte sie küssen. »Ich habe dir gleich gesagt, wir sollen das Kind nicht mitspielen lassen!« sagte Susis Vater, der hinter mir saß, zu seiner Frau. Aber da kam auch schon Ladi. Er stolperte über denselben Nagel, über den schon Susi gestolpert war, worüber sie wieder lachen mußte. »I see you later, sweetheart!« sagte Katzberg, stolperte über den Nagel und ging. Susi, die sich bereits gefaßt hatte, begann wieder zu lachen.

WOLF: Wer ist der Kerl?

REDHEAD: Hunter, ein Detektiv.

WOLF: Du mußt ihn vergessen. Du brauchst einen reiferen Freund.

Ladi ging mit dämonischem Blick auf Susi zu. Das war zuviel für die Ärmste. Sie hatte vor Lachen Tränen in den Augen. »Jetzt kommt der auch noch!« sagte der alte Kandl hinter mir. Susi bemühte sich, erschrocken dreinzuschauen. »Warum hast du so große Augen?« brachte sie mühsam heraus.

WOLF: Damit ich dich besser sehen kann.

REDHEAD: Warum hast du so große Ohren?

WOLF: Damit ich dich besser hören kann.

REDHEAD: Warum hast du so große Hände?

WOLF: Damit ich dich besser fassen kann!
REDHEAD: Warum hast du so einen großen Mund?
WOLF: Damit ich dich besser küssen kann!
Susi wich erschrocken zurück, näherte sich dem Nagel — ich hielt ihr die Daumen —, aber schon war es geschehen: Redhead saß auf dem Boden. »Hilfe!« lachte sie. Hunter, ihr Bruder, kam mit einer Pistole in der Hand. »Hände hoch!« rief er. Shirley, James Bond, der Senator, Mike und die Bardamen — alle eilten auf die Bühne. Ladi wollte auf Kandl zu — der gab einen Schuß ab. »Ich bin getroffen!« stöhnte Ladi und fiel hin, leider mit dem Gesäß auf den Nagel. Susi bekam Seitenstechen vor Lachen. »Dumme Kuh!« raunte Ladi ihr zu. Er drehte sich weg, es machte »ritsch« — der Geburtstagsanzug war an dem Nagel hängengeblieben. Susi wischte sich die Tränen aus den Augen. Mike stürzte zu seinem tödlich verwundeten Chef, kniete an seiner Seite nieder und fragte: »Haben Sie noch einen Wunsch, Boß?«
WOLF: Ja. Ich möchte noch so lange leben, bis — — (seine Stimme wird immer leiser.)
MIKE: Bis?
WOLF: Bis mir Papa die goldene Uhr schenkt, die er mir schon so lange versprochen hat!
Der Vorhang fiel, ging wieder auf, Applaus, noch ein Vorhang, noch einer. Ladi schleppte mich auf die Bühne, ich mußte mich verbeugen.

Nach der anschließenden Geburtstagsfeier gingen meine Frau und ich nach Hause. Ich hatte vor Jahren einen Krimi zu schreiben begonnen, mit dem ich nicht weiterkam. Ich werde mich mit Ladi beraten.

Bei uns in Wien gibt es einen neuen »Party-Service«. Wenn Sie Gäste haben, rufen Sie an, bestellen soundso viele Sandwiches und was Sie sonst noch brauchen, und Sie haben keine Sorgen mehr. Denken Sie! Wenn Sie genauer informiert sein wollen, lesen Sie unser Erlebnis mit dem

Party-Service

Ich hatte eine Besprechung wegen eines Fernsehauftrages. Zwei Herren des ZDF, zwei Herren des ORF sowie der Direktor einer Produktionsfirma hatten sich angesagt und wollten am Sonntag in unserer Wohnung mit mir zusammentreffen. Co-Produktion.
Meine Frau rechnete: »Zwei ZDF, zwei ORF, der Herr von der Produktion, das sind fünf, mit dir sechs — ich werde den neuen Party-Service anrufen und vierzig Sandwiches bestellen.« Okay. Der Sonntag kam, wir machten einen Spaziergang; als wir zurückkamen, meldete uns unsere Raumpflegerin: »Die Sandwiches sind gekommen, die Männer haben sie in die Küche getragen.«
Das »die Männer« gefiel uns nicht. Wozu brauchte man zu vierzig Sandwiches »Männer«? Wir gingen in die Küche und blieben wie erstarrt stehen. Das heißt, wir *mußten* stehenbleiben, weil wir nicht weiterkonnten. Die Küche war voller Sandwiches. Dem Party-Service war ein kleiner Irrtum unterlaufen. Er hatte anstatt vierzig Sandwiches vierhundert geschickt. Meiner Frau zitterten die Knie, sie mußte sich setzen, wodurch ein Tablett mit zwanzig Sandwiches außer Gefecht gesetzt wurde. Das Tablett war auf dem Stuhl gestanden, wie überhaupt überall Tablette mit Sandwiches standen. Auf der Kredenz Sandwiches, auf dem Küchentisch Sandwiches, auf dem Fenster Sandwiches, auf dem Boden Sandwiches. Ich hielt mich an der Herdplatte fest, griff in etwas Weiches — Sandwiches. Die Tablette waren glücklicherweise mitgeliefert worden, sonst hätten wir die Sandwiches zu Bergen schlichten müssen. Meine Frau rief den Party-Service an. Es war Sonntag. Der Service war um 12 Uhr geschlossen worden. Wohin mit den Sandwiches? Wenn wir die von meiner Frau erledigten zwanzig abzogen, blieben immer noch dreihundertachtzig. Wo bringt man dreihundertachtzig Sandwiches unter? Vierzig stopften wir in den Kühlschrank, blieben noch dreihundertvierzig. Der Kleiderschrank! Meine Frau brachte zwei Tablette, stolperte über unseren aufgeregten Kater, der noch nie so viele Sandwiches gesehen hatte, schleuderte dadurch ein

Tablett direkt in den Schrank und noch direkter auf meinen ahnungslos dort hängenden Smoking. Salami, Schinken, Spargel, Majonäse — alles klebte auf meinem Smoking. Meine Frau war außer sich. Ich wollte sie trösten. »Ein Stückchen ist sauber geblieben«, scherzte ich mit der Miene eines Oliver Hardy, dem Stan Laurel soeben eine Schaumtorte ins Gesicht geworfen hatte, »hier!« Ich zeigte auf das sauber gebliebene Fleckchen auf meinem Smoking — es war Kaviar. Wenn wir die auf dem Smoking klebenden Sandwiches von den anderen subtrahierten, blieben immer noch dreihundertzwanzig. Wo bringt man dreihundertzwanzig Sandwiches unter?
»Hilde!« sagte meine Frau plötzlich. »Hilde Domansky!« Hilde war eine ihrer Freundinnen, und ihr Mann hatte ein Elektrowarengeschäft, in dem es viele, viele Kühlschränke gab. Leider waren die beiden in Scheidung. Trotzdem! Meine Frau rief an und erklärte Hilde die Ausweglosigkeit unserer Sandwichsituation. Hilde kehrte zu ihrem Mann zurück. Er schloß — am Sonntag — das Geschäft auf. Meine Frau und ich fuhren in drei Taxis mit unseren Sandwiches vor. Daß, als wir ausstiegen, eines der Tablette umkippte und dem Chauffeur auf den Kopf fiel, hatte keine besonderen Folgen. Wir mußten ihm hundert Schilling Trinkgeld geben und die Kappe ersetzen. Zum Glück merkte er den Hering nicht, der ihm hinten in den Kragen gerutscht war.
Als wir den Laden betraten, atmeten wir auf. Es gab viele, viele Kühlschränke! Bei näherem Hinsehen leider nur wenige Steckdosen, von denen die Mehrzahl für die Stehlampen gebraucht wurden, die das Schaufenster beleuchteten. Immerhin! Zweiundsechzig Sandwiches konnten wir zurücklassen, zweihundertachtundfünfzig brachten wir wieder nach Hause. Es war höchste Zeit. Meine Besucher konnten jeden Moment kommen. Und sie kamen, wenn auch leider nicht alle. Der Herr von der Produktion sagte ab, vom ZDF kam nur einer der beiden Herren, ebenso nur einer vom ORF. Beide hatten knapp vorher gegessen. Was wir besprachen? Ich weiß es nicht. Ich zählte

nur die Sandwiches, die gegessen wurden. Mit meiner Hilfe waren es acht, blieben noch zweihundertfünfzig. Die Herren wollten wissen, ob ich eine Idee für eine Fernsehserie hätte. Ich hatte eine Idee, aber nicht für eine Fernsehserie, sondern für unsere Sandwiches.

Kaum waren die Herren gegangen, stürzte ich zu meiner Frau und rief: »Ladi!« Ladi, mein 10jähriger Neffe, gehört zu den bekanntesten Sandwichvertilgern von Wien. Wir werden seine Eltern zu einer sofort stattfindenden improvisierten Jause einladen. Ladi, ihren »kleinen Liebling«, wie sie ihn nennen, würden sie von selbst mitbringen. Sie brachten ihn immer mit. Verläßlich. Zum Schrecken aller Gastgeber. Ladi wurde mit ganzen kalten Platten fertig. Das wird unsere Rettung sein!

Die Eltern kamen, aber ohne Liebling. Liebling hatte sich den Magen verdorben und mußte zu Hause bleiben. Meine Frau und ich wurden blaß. Ladis Eltern freuten sich, daß wir soviel Anteilnahme an der Erkrankung ihres Kindes zeigten. Im stillen verwünschte ich den Strolch. Er konnte Schuhsohlen essen, ohne daß es ihm schadete — gerade heute mußte er einen verdorbenen Magen haben. Ladis Eltern, in ihrer Sorge um das Kind, aßen zwei armselige Sandwiches, meine Frau ebenfalls zwei, ich zwang mich zu vieren. Blieben noch zweihundertzweiundvierzig.

Nach einer Stunde brachen unsere Gäste auf. Wir wollten ihnen ein paar Sandwiches mitgeben, falls Ladi vielleicht doch — aber sie lehnten ab.

»Die Tauben!« sagte jetzt meine Frau. Ich verstand nicht gleich, aber sie zeigte auf das Küchenfenster. Unsere Küche geht nach dem Garten. Auf dem Sims des gegenüberliegenden Hauses hockte eine Schar hungriger Tauben. Meine Frau nahm zehn Sandwiches, schnitt sie in kleine Stücke, öffnete das Fenster und warf sie in den Garten. Die Tauben kamen angeflogen. Sie delektierten sich an den Sandwiches, und wir hofften, zehn weitere nachliefern zu können, aber wir hatten nicht mit der Tierliebe unserer Hausbewohner gerechnet. Plötzlich läutete es an der Tür. Von draußen hörten wir lautes Murren. Zögernd öffneten

wir — da standen sie alle: die Blahas und die Wosadkas vom 2. Stock, die Hubers, Voitls und Wichtls vom dritten. Mit Kind, wenn auch ohne Kegel. Insgesamt waren wir zwei gegen vierundzwanzig.
»Schämen Sie sich nicht?« fragte Voitl, ein Hüne, der anscheinend zum Sprecher erkoren worden war. »Tauben füttern, die nur Schmutz machen und Krankheiten verbreiten?« — »Sehr richtig!« pflichtete ihm der Chor bei. »Wo es in den unterentwickelten Ländern *Menschen* gibt, die nichts zu essen haben!« Wie gerne würden wir unsere Sandwiches nach den unterentwickelten Ländern schicken, aber wer stellt uns schon ein Flugzeug zur Verfügung? »Es ist ein Skandal!« stellten die Wosadkas fest, die mir noch immer nicht verzeihen konnten, daß ihr Hund mich einmal ins Bein gebissen hatte. Meine Frau wollte erklären. »Wir haben zu viele Sandwiches«, begann sie, worauf sich ein Geschrei erhob, ähnlich jenem, das sich während der Französischen Revolution gegen das in Völlerei lebende Königspaar erhoben hatte. Schnell zog ich meine Frau in die Wohnung und schloß die Tür ab. Die Situation begann gefährlich zu werden.
Drinnen setzten wir uns zusammen. »Wir müssen planmäßig vorgehen!« sagte meine Frau. »Ich werde die Sandwiches in Alufolie packen, damit sie sich frisch halten, und wir werden in den nächsten Tagen eben nur von Sandwiches leben.« Mein Magen wollte etwas erwidern, aber sie ließ ihn nicht zu Wort kommen. »Ich werde sie schon einteilen«, sagte sie. »Am Morgen Käse, zu Mittag Roastbeef und am Abend Wurst.« Und so geschah es. Wir hatten ja nur noch zweihundertunddreißig Sandwiches. Am ersten Tag aßen wir jeder fünf am Morgen, fünf zu Mittag und fünf am Abend. Wir versprachen aber einander, am nächsten Tag besser bei Appetit zu sein. Am nächsten Tag waren die Sandwiches schon ziemlich ausgetrocknet. Meine Frau befeuchtete sie mit etwas Wasser, und sie schmeckten ausgezeichnet. Man brauchte sich nur vorzustellen, daß man nach jahrelanger Haft aus dem Kerker auf der Teufelsinsel entsprungen war und nach abenteuer-

licher Flucht durch Dschungel und Urwald als erstes Essen unsere Sandwiches bekam. Wir lächelten uns tapfer zu und brachten es jeder auf acht Stück pro Mahlzeit. Am dritten Tag waren sie ausgesprochen hart und nicht zu schlucken, aber meine Frau meinte, das Leben sei auch hart und man müsse es schlucken. So schluckte ich sieben Sandwiches und einen Stiftzahn. Am vierten Tag bekamen wir Depressionen. Wir hielten uns fest an den Händen, sonst hätten wir die Sandwiches gegen die Wände geworfen. Am fünften Tag nahmen wir voneinander Abschied, falls wir an den Sandwiches ersticken sollten. Ich machte mein Testament.

Und dann war es soweit. Das letzte Sandwich war verspeist! Stumm fielen wir uns um den Hals, da läutete es an der Tür. Es war Walter, mein Cousin, der Sohn meiner Tante Paula.

»Ich komme in einer heiklen Angelegenheit«, sagte er. »Ihr wißt doch, daß Mama am Freitag neunzig wird. Sie hat einen einzigen Wunsch. Sie möchte noch einmal im Leben eine große Gesellschaft geben, wie seinerzeit, als Papa noch am Leben war. Sie möchte alle Bekannten, Verwandten und Freunde einladen, ungefähr achtzig Personen. Die Räume hätten wir — ihr kennt ja unsere Wohnung —, die Getränke würde Onkel Franz zur Verfügung stellen — aber das Essen ... Ihr wißt, ich habe nicht viel Geld ...«

Meine Frau und ich sahen uns an, dann ging sie zum Telefon. »Party-Service?« fragte sie. »Schicken Sie am Freitag vierhundert Sandwiches an die folgende Adresse ...«

Geschickt wurden vierzig.

Es gibt heute bei uns in Österreich nicht viele Stellungslose, aber für den, der selbst keine Stellung hat, gibt es immer um einen zuviel. Zu diesen gehört Pelikan. Er ist einer unserer Bekannten und ist immer auf

Stellungssuche

Schmiedl hatte alles: eine Zweitwohnung, einen Zweitwagen, eine Zweitfrau. Pelikan hatte nichts. Ein Zoologe hätte ihn in die Klasse der Pechvögel eingereiht. Also verschafften wir Pelikan eine Empfehlung, und Pelikan ging damit zu Schmiedl. Das heißt, er ging nicht, er lief. »Lieber Gott«, betete er unterwegs, »mache, daß ich zurechtkomme. Wenn ich zurechtkomme und noch kein anderer den Posten hat, spende ich ein Fünftel meines ersten Monatsgehaltes für die Armen!« Pelikan stolperte. Vorwurfvoll blickte er zum Himmel: »Deshalb brauchst Du mich nicht zu stoßen, lieber Gott!«

Bei Schmiedl schnarrte das Telefon. Er hob ab.

»Ja?« sagte er. »*Wer* wartet? Ein Herr Pelikan? Kenne ich nicht.« Er horchte auf. »*Wer* schickt ihn zu mir? Herr Parteisekretär Woditsch? Ich lasse bitten!«

Er unterfertigte noch schnell einige Briefe, da klopfte es an die Tür. »Herein!« sagte er, ohne aufzusehen. Pelikan trat ein. Schüchtern verbeugte er sich. »Sie entschuldigen«, sagte Schmiedl. »Ich habe noch einige Unterschriften ...« Er bedeutete Pelikan, Platz zu nehmen. Pelikan setzte sich.

Schmiedl legte den Kugelschreiber weg und ging auf Pelikan zu. »So!« sagte er freundlich. »Nun kann ich mich Ihnen widmen. Mein Freund, der Parteisekretär, hat mir zwar Ihre Lage geschildert, aber vielleicht erzählen Sie selbst. Aber kurz, bitte, Sie sehen ...« Er wies auf den Schreibtisch. Pelikan wollte eben zu sprechen beginnen, da schnarrte das Telefon.

»Verzeihung!« entschuldigte sich Schmiedl. Er ging auf den Apparat zu und hob den Hörer ab. »Oh, Herr Ministerialrat! Was verschafft mir die Ehre? — Sie haben einen Witz für mich? Ich bin ganz Ohr!« Er lauschte und schüttelte sich vor Lachen. »Großartig! Wirklich lustig!« Dabei zeigte er Pelikan mit gelangweiltem Gesicht, daß der Witz einen solchen Bart habe. Dann sprach er wieder, das Lachen verbeißend, ins Telefon: »Einen Moment, Herr Ministerialrat, den muß ich mir notieren. Ich hole nur meinen Kalender.« Er machte eine kleine Pause,

natürlich ohne den Kalender zu holen, und sagte: »Ich schreibe, Herr Ministerialrat!« Er sprach langsam nach, als ob er wirklich schreiben würde: »Graf Bobby sagt zu Rudi ... ›Heut nacht hat man mir mein Auto gestohlen ... aber ich werde es bald wiederbekommen.‹ ... ›Wieso?‹ fragt Rudi ... Drauf sagt Bobby ... ›Ich habe mir die Nummer notiert!‹ — Ausgezeichnet, Herr Ministerialrat! Ich danke Ihnen! Werde ihn sofort weitererzählen. Auf Revanche! Auf Wiedersehen, Herr Ministerialrat! Handkuß an die gnädige Frau!«
Er legte auf und wandte sich Pelikan zu. »Sie sehen, daß auch ein schlechter Witz gut sein kann, wenn ihn ein Ministerialrat erzählt. Aber nun zu Ihnen. Erklären Sie mir in kurzen Worten, was ich für Sie tun kann.«
Pelikan setzte zum Sprechen an — da schnarrte das Telefon. »Moment!« sagte Schmiedl und hob wieder den Hörer ab. »Schmiedl!« meldete er sich. »Herr Rechtsanwalt Dr. Mahler? Ja, bitte, sprechen Sie nur!« Er hörte zu. »Oh!« sagte er dann. Es gibt viele Arten, auf die man »Oh!« sagen kann. Schmiedl sagte es ausgesprochen ungemütlich. »Ihr Klient, Herr Susnowsky, kann den Wechsel nicht einlösen? Das ist aber unangenehm. Schließlich handelt es sich um eine Summe von 250 000 Schilling. — Eine Prolongation? Ausgeschlossen! — Herr Susnowsky ist bei Ihnen? Geben Sie ihn mir, bitte!« Kurze Pause, dann: »Ich höre eben, daß Sie nicht bezahlen wollen, Herr Susnowsky! Das kommt gar nicht in Frage!« Schmiedl wurde immer ungemütlicher. Sein Kopf lief rot an und er begann zu schreien: »Natürlich habe ich von der Krise im Baugewerbe gehört, aber was geht das *mich* an?« Er drohte: »Ich habe einflußreiche Freunde im Parlament, Herr Susnowsky! Ich könnte Ihnen unangenehm werden! Abgesehen davon, daß ich nach den nächsten Wahlen selbst in den Nationalrat kommen werde! Entweder Sie lösen den Wechsel bis heute mittag ein oder ich mache Ihnen Schwierigkeiten! Schluß!« Er warf den Hörer auf den Apparat. Pelikan zuckte zusammen. Schmiedl war erregt. »So eine Frechheit!« stieß er

hervor. »Dabei wurde mir dieser Verbrecher von einem guten Freund empfohlen! Aber man soll sich eben mit Protektionskindern nicht einlassen!«
Pelikan wollte sich davonschleichen, aber Schmiedl hielt ihn zurück. »Das gilt doch nicht für Sie!« meinte er begütigend. »Erzählen Sie mir ruhig Ihre Geschichte.«
Pelikan wollte beginnen, da schnarrte das Telefon. Schmiedl schüttelte unwillig den Kopf. »Das ist doch zu dumm!« Er ging auf das Telefon zu und hob den Hörer ab. Sein Gesicht erhellte sich. »Claudia, Liebste!« sagte er. »Ja — ich bin am Apparat. Ich — dein Wuffipuff! Was hat denn mein Hasimädi eben gemacht? — An Wuffipuff hat es gedacht und hat angerufen? Das ist aber lieb vom Hasimädi! — Was wir heute unternehmen werden? Wuffipuff wird Hasimädi um sieben Uhr abholen und mit ihm essen gehen. — Wohin? — Ich denke, ins Sacher. Dort haben Hasimädi doch die Forellen so gut geschmeckt — und das Hühnchen — und die Torte!«
Pelikan lief das Wasser im Mund zusammen. Schmiedl setzte fort: »*Was* meint Hasimädi? Was mit meiner Scheidung ist? Du mußt Geduld haben. Du weißt doch, daß Wuffipuff ohne Hasimädi nicht leben kann.« Hasimädi schien an Wuffipuffs Worten zu zweifeln, denn Wuffipuff sagte bekräftigend: »Ich schwöre dir, ich lasse mich scheiden. Bloß nicht jetzt, wo ich vor der Wahl in den Nationalrat stehe. Du mußt doch begreifen, Süße! Ich kann im Moment keinen Skandal brauchen! — Nein, um Gottes willen, nicht *du* bist ein Skandal! Meine Scheidung wäre ein solcher! — *Was* wächst dir zum Hals heraus? — Meine ewigen Verzögerungen?« Wuffipuff stutzte, dann erschrak er: »*Wie* war das? Du hast einen andern kennengelernt, der dich heiraten will?« Wuffipuff schrie: »Das darfst du nicht, hörst du? Das verbiete ich dir! Claudia! Claudia!« Fassungslos ließ er die Hand mit dem Hörer sinken. »Sie hat aufgelegt!« stöhnte er.
Pelikan wollte etwas Tröstendes sagen, aber Schmiedl fuhr ihn an: »Schweigen Sie! Ich habe jetzt andere Sorgen!« Pelikan wollte sich entfernen, aber auch das war

Schmiedl nicht recht. »Bleiben Sie!« sagte er gequält. »Sie sind der Freund meines Freundes, und das zählt mehr als vieles andere. Erzählen Sie.«
Pelikan öffnete den Mund — da schnarrte das Telefon. Schmiedl triumphierte: »Das ist sie wieder! Sie hat es bereut! Man darf sich von den Frauen nicht alles gefallen lassen! Ja?« sagte er in den Apparat. »Wuffipuff!« Aber es war nicht Hasimädi, das anrief. »Herr Dr. Wolfram?« sagte Schmiedl, etwas verlegen. »Natürlich weiß ich, wer Sie sind. Der neue Partei-Pressechef. *Was* plant die Opposition? Ein Interview, das mir schaden soll? Man soll mich nur interviewen, ich habe nichts zu befürchten. Ich soll erst Ihnen —? Bitte. Mein Vater war Bankpräsident, meine Mutter eine geborene Gräfin Ho —« Er brach ab und lauschte. »Das wäre Wasser auf die Mühle der Sozialisten? Wir müssen es beiden Parteien rechtmachen, verstehe ... geben Sie mir Ihre Ratschläge, Herr Doktor, ich notiere mir einige Stichworte.« Er schrieb, während er die Worte Dr. Wolframs wiederholte: »Eltern bürgerlich, Vater kleiner Gewerbetreibender, Mutter Arbeiterin ... ich selbst durch Fleiß und eigene Kraft Karriere gemacht ... höchstes Gut Familie ... Frau ... Töchter ... Ferien alljährlich in kleinem Dorf in der Wachau, wo Großvater noch im Gemeinderat saß ... Gut, Herr Doktor! Werde in diesem Sinne sprechen. Danke! Auf Wiederhören!« Er legte den Hörer auf. »Nun aber wirklich zu Ihnen, Herr Pelikan. Erzählen Sie!« Pelikan begann: »Ich —«, da schnarrte das Telefon. Schmiedl schüttelte gereizt den Kopf. »Schon wieder? Das ist nicht zu fassen!« Er hob ab und sagte grob: »Schmiedl! — *Du* bist es, Brigitte? Wie oft habe ich dir schon gesagt, daß ich keine Anrufe im Büro wünsche?! — Ob ich zum Abendessen nach Hause komme? Nein! Ich bin mit einem Geschäftsfreund verabredet! — Claudia? Wie kommst du auf Claudia? — Ah, unser liebes Töchterchen hat es dir erzählt! Wenn ich wüßte, von wem dieser Fratz seine böse Zunge hat! — Von dir nicht, das weiß ich! Du hast sie noch! — *Was* hat man dir gesagt? — Daß ich mich

scheiden lassen will? — Schön — wenn du es schon weißt — es stimmt! — Du wirst niemals einwilligen, weil es deine Mitgift war, mit der ich die Firma gegründet habe? Wenn dein Vater, der alte Gauner, nicht so viele Menschen um ihr Vermögen gebracht hätte, hätte er dir eine solche Mitgift gar nicht geben können! — Ja, Gauner habe ich gesagt! Gauner, Gauner, Gauner! — *Was* ist mit deiner Mutter? — Sie hat dir immer abgeraten, mich zu heiraten? — Der guten Frau müßte ich eigentlich Abbitte leisten!« Er schnaubte vor Wut. »Nein, ich komme nicht nach Hause! Ich komme überhaupt nicht mehr nach Hause! Alles weitere wirst du von meinem Anwalt erfahren! Aus!« Diesmal schmetterte er den Hörer auf den Apparat. »Bestie!« wimmerte er und griff sich an die Brust. »Mein Herz . . .« Sein Gesicht war fahl geworden, er fiel mit dem Kopf auf den Schreibtisch.

Pelikan, der ihm helfen wollte, eilte auf ihn zu und richtete ihn auf. Schmiedl blickte ihn starr an. In der Aufregung hatte er auf ihn vergessen. Jetzt faßte er sich, sprang auf und tobte: »Sie sind noch immer da? Sie wagen es, hier herumzusitzen und sich die intimsten Dinge meines Lebens anzuhören? Haben Sie denn kein Taktgefühl, Sie gemeiner Schurke?« Er brüllte: »Schämen Sie sich! Hinaus mit Ihnen! Und daß Sie sich hier nie wieder blicken lassen! Nie wieder, hören Sie?« Er ging, die Tür hinter sich zuwerfend, aus dem Zimmer. Pelikan starrte ihm nach. Schon wollte er gehen — da schnarrte das Telefon. Er sah auf den Apparat. Er haßte ihn, wie er Schmiedl haßte. Nun würde er sich durch den einen an dem andern rächen. Er hob den Hörer ab und sagte: »Schmiedl! — Herr Ministerialrat? — Sie haben schon wieder einen Witz für mich?« Er überschrie sich: »Behalten Sie Ihre dummen Witze für sich! — Ob ich meinen Verstand verloren habe? Meinen Verstand vielleicht, aber meinen Humor nicht! Jetzt werde *ich* Ihnen einmal einen Witz erzählen: Ein verkalkter Ministerialrat erzählt seinen Beamten einen Witz, und alle lachen, bis auf einen. Der Ministerialrat fragt: ›Warum lachen Sie nicht?‹ Drauf

sagt der Beamte: ›Ich brauche nicht zu lachen, ich gehe schon in Pension!‹ Meine Empfehlung, Herr Ministerialrat! Auf Nimmerwiederhören!«
Er legte den Hörer auf, das Telefon schnarrte. Pelikan hob ab. »Hallo, Schmiedl!« Seine Stimme wurde freundlich. »Herr Susnowsky! Sie wollten mich nochmals bitten wegen des Wechsels? Machen Sie sich keine Sorgen, mein Lieber! Jeder weiß doch um die Krise im Baugewerbe. — Prolongieren? — Selbstverständlich! Auf wie lange? Ein Jahr, zwei Jahre, drei Jahre? — Vier Jahre! Geht in Ordnung! — Ich soll das Ihrem Anwalt wiederholen? Aber bitte! — Herr Doktor? Haben Sie einen Tonapparat bei der Hand? Nehmen Sie, bitte, auf: ›Ich, Direktor Alfred Schmiedl, erkläre mich bereit, den mit heutigem Datum abgelaufenen Wechsel mit der Unterschrift des Herrn Susnowsky — *Jan* Susnowsky — wie Sie wünschen — auf weitere vier Jahre zu prolongieren.‹ Nichts zu danken! Meine Verehrung!«
Pelikan legte auf. Er war in Schuß gekommen. Mit zitternden Fingern griff er nach dem Nummernverzeichnis, das Schmiedl auf dem Schreibtisch liegen hatte. »Claudia!« murmelte er befriedigt. Er wählte die Nummer 52 16 31, wartete, bis sich eine helle Frauenstimme meldete, und sagte dann kalt und grob: »Claudia? Hier spricht Alfred! Nein, nicht Wuffipuff, sondern Alfred! Es hat sich ausgewuffipufft! Ich habe mir die Sache überlegt, ich will dich nicht mehr sehen! — Weine nicht! — Was heißt, ich kann Hasimädi nicht verlassen? Hasimädi hat mir doch selbst erzählt, daß es bereits ein anderes Hasenbubi hat! Heirate es und werde glücklich mit ihm! — Abfertigung? 500 000! — Nicht Schilling, sondern Kronen, und nicht schwedische, sondern tschechische! Erledigt!«
Er legte auf, das Telefon schnarrte. »Schmiedl — Redaktion ›Neuer Blick‹? — Ein Interview? Sie schreiben zwar für die Sozialisten, aber fragen Sie! — Mein Vater war General, meine Mutter aus einem alten Adelsgeschlecht. Ich selbst habe nichts gelernt und war schon mit achtzehn Jahren, wie man heute sagt, ein Playboy. — Wie ich dann

doch Karriere machte? Indem ich eine alte Dame, mit der ich ein Verhältnis hatte, beerbte und dabei das Finanzamt um eine halbe Million Schilling betrog. Zehntausend habe ich später überwiesen, weil mich das Gewissen drückte — sollte es mich noch einmal drücken, überweise ich weitere zehntausend. — Was ich vom Familienleben halte? Von meinem gar nichts. Ich habe zwei Töchter, die eine ist noch, die andere schon wieder zu haben. Was meine Frau betrifft, so kocht sie wie meine Mutter und schaut aus wie mein Vater. — Wo ich meine Ferien verbringe? In meiner Villa in Monaco. — *Was* haben Sie gehört? Daß ich jeden Sommer einen kleinen Ort in der Wachau aufsuche, wo mein Großvater im Gemeinderat saß? Gesessen ist er, aber nicht im Gemeinderat, sondern hinter Gittern! — Ob er ein Häftling war? Was denn glauben Sie? Ein Kanarienvogel? — Sie werden das alles schreiben? Ich bitte darum! Wenn möglich auf der Titelseite, in dicken Buchstaben! — Danke, Herr Redakteur! Auf Wiederhören!«

Pelikan legte wieder auf und rieb sich die Hände. Eigene Nummer, las er: 93 25 48. Er wählte, eine tiefe Frauenstimme meldete sich. Pelikan wurde sehr, sehr liebenswürdig. »Brigitte?« flötete er. »Hier Alfred! Fredi! Verzeihe, daß ich so unwirsch war, ich will alles wiedergutmachen. Mit Claudia ist es aus — ich kehre wieder zu dir zurück. — Meine Stimme klingt so verändert? Das ist die Rührung! Ich fliege in deine Arme — es hat mir vieles gefehlt!« Er wiederholte, etwas lauter: »Ich sage: Ich fliege in deine Arme — es hat mir vieles gefehlt!« Er wurde noch lauter: »Nein, Brigitte! Ich fliege nicht nach Barmen und nicht nach Bielefeld — ich fliege in deine Arme, es hat mir vieles gefehlt! — Ja, harre mein! Und grüße Schwiegermamachen!«

Er legte auf, sah nach der Tür, durch die Schmiedl ihn verlassen hatte, und sagte mit heimlichem Genuß: »Der kann sich freuen!«

Pelikan bekam am nächsten Tag seinen Posten. Von Schmiedl. Schmiedl hatte alles geordnet: bei dem Ministerialrat hatte er sich entschuldigt, Susnowskys Wechsel wurde prolongiert, und die Zeitung bekam ein anderes Interview. Sein größtes Problem war durch Pelikan gelöst worden: Wuffipuff wollte Hasimädi schon seit langem loswerden. Jetzt ißt er sein Hühnchen wieder zu Hause.

Der Unterschied zwischen Österreich und Amerika? Amerikanische Musicals werden überall aufgeführt, österreichische nirgends. Und doch . . .!

Meine Musicalpremiere

Es war einmal ein österreichisches Musical, das aufgeführt wurde. Der Text stammte von mir, und die Aufführung erfolgte am Landestheater in Ransdorf, in der BRD. Ich wußte bisher nicht, daß es in der BRD eine Stadt namens Ransdorf gibt, und sah deshalb auf der Landkarte nach. Es gibt eine solche. Neben dieser Stadt war ein Punkt eingezeichnet, der fast so groß war wie der Punkt neben München. Es mußte also eine ganz respektable Stadt sein, und ich war stolz darauf, in einer solchen Stadt uraufgeführt zu werden. Erst als der Punkt zu laufen begann, merkte ich, daß es sich um einen kleinen Käfer handelte. Neben Ransdorf gab es keinen Punkt, aber Fehler kommen überall vor, auch auf Landkarten. Ich war überzeugt, daß man den Punkt bloß vergessen hatte.

Einen Monat vor der Premiere bekam ich einen Brief von dem Intendanten, worin er mir schrieb: »Wir hoffen, daß Sie der Premiere beiwohnen werden.« Das »beiwohnen« gefiel mir besonders gut. Er hätte ja schreiben können: »Wir hoffen, daß Sie bei der Premiere anwesend sein werden« oder »daß Sie die Premiere besuchen werden« oder »Kommen Sie zur Premiere« oder nur »Kommen Sie« — aber »beiwohnen«? Das hieß schon etwas.

Ich begann natürlich, mich über Ransdorf zu erkundigen. Ransdorf war berühmt wegen seiner Pferdezucht. Und wenn Pferde auch im allgemeinen kein gutes Theaterpublikum sind, so stellte ich mir meine Ransdorfer Tage doch wunderschön vor: 10 Uhr Ankunft in Ransdorf; 11 Uhr Empfang durch den Intendanten, 12 Uhr Besichtigung der Pferde, 13 Uhr gemeinsames Mittagessen. Meine Frau war zur Zeit der Premiere in der Schweiz, ich mußte also allein fahren. Der Tag kam heran, der Koffer war gepackt, unten wartete das Taxi, ich empfahl mich von unserem Kater: »Tante Hela« — meine Schwägerin — »kommt heute und morgen zu dir, macht dir dein Pappi, und übermorgen bin ich wieder da.« Er nickte »Well!« — er hört auf den englischen Namen Jacky —, und ich ging.

Dem Chauffeur sagte ich »Zur Westbahn!«, er sagte »Okay!«, und wir fuhren los. Unterwegs dachte ich plötzlich nach. Hatte ich die Tür abgeschlossen? Wir haben drei Schlösser, wegen der Einbrecher. Im letzten Sommer war bei uns eingebrochen worden, wobei der Einbrecher den Fernsehapparat mitgenommen hatte. Aber so ein Glück hat man ja nicht immer. Ich beruhigte mich. Sicher hatte ich die Tür abgeschlossen. Oder vielleicht doch nicht? Ich ersuchte den Chauffeur: »Fahren Sie noch einmal zurück!« Er fuhr, ich lief die Treppen hinauf — alles zu. Jetzt erinnerte ich mich auch. Ich hatte beim Absperren die Schlösser bei ihren Namen genannt: Adolf, Berthold, Christian. ABC. Das mache ich immer so, da kann ich auf keines vergessen. Ich lief wieder hinunter, sagte zu dem Chauffeur »Zur Westbahn!«, er sagte »Okay!«, wir fuhren los.

Ich freute mich auf Ransdorf. Nach der Vorstellung wird es ein großes Bankett geben, ich werde eine Rede halten, werde das Glas heben — ich darf nicht zuviel trinken, erinnerte ich mich, sonst könnte mir auf der Rückreise übel werden. Ein bißchen Wein konnte ich mir schon erlauben, aber mit Wasser. Wasser! Habe ich das Wasser im Badezimmer abgedreht? Ich bat den Chauffeur: »Fahren Sie noch einmal zurück!« Er fuhr, ich lief die Treppen hinauf — Adolf, Berthold, Christian —, das Wasser hatte ich abgedreht, aber das Licht hatte ich brennen lassen. Ich drehte es aus, lief hinunter, sagte zu dem Chauffeur »Zur Westbahn!«, er sagte »Okay!«, wir fuhren los.

Hoffentlich wird es ein Erfolg werden, dachte ich unterwegs. An den kleineren Bühnen gibt es nicht viele Proben. Ob es klappen wird? Ich hatte bereits richtiges Lampenfieber. Lampen! Die Luster habe ich ausgedreht, aber die Stecker von den Stehlampen habe ich steckenlassen. Meine Frau und ich pflegen die Stecker von den Stehlampen herauszuziehen, wenn wir verreisen. Ich weiß nicht, warum wir das tun, aber wir tun es. Meine Frau meint immer: »Es könnte ein Gewitter kommen, zieh die

Stecker von den Stehlampen heraus!« Wenn schon — ich fahre weiter. Erstens wird in den zwei Tagen, die ich in Ransdorf bin, kein Gewitter kommen, und zweitens, was haben Stecker von Stehlampen mit Gewittern zu tun? Das ist ein blödsinniger Aberglaube, und ich bin nicht abergläubisch. Wenn aber doch —? Ich flehte den Chauffeur an: »Fahren Sie noch einmal zurück!« Er sah mich zwar etwas komisch an, aber er fuhr zurück, ich lief die Treppen hinauf, öffnete die Schlösser — Adolf, Berthold, Christian —, die Stecker von den Stehlampen steckten! Ich wollte hinunterlaufen — an der Tür stieß ich mit meinem Nachbarn, Dr. Vogel, zusammen. Er bat mich, im Badezimmer nachzuschauen, ob wir nicht vielleicht einen Rohrbruch hätten, bei ihm sickere das Wasser durch die Wand. Ich verwünschte in aller Eile sämtliche im Hause wohnenden Vögel — flitzte in das Badezimmer — wir hatten keinen Rohrbruch. Ich entschuldigte mich bei Dr. Vogel, daß wir keinen Rohrbruch hatten, lief hinunter, der Chauffeur sagte »Zur Westbahn!«, ich sagte »Okay!«, wir fuhren los.

Ich ärgerte mich, daß mich Vogel grad noch vor der offenen Tür erwischen mußte — und zuckte zusammen. Offene Tür! Der Schweiß trat mir auf die Stirn. Wie leicht hätte der Kater durchgehen können. Ein Glück, daß er so ein braves Tier ist, dem so etwas niemals einfallen würde. Allerdings hatte er nie zuvor so eine günstige Gelegenheit gehabt. Sollte er am Ende durchgegangen sein? Meine Frau würde mir das niemals verzeihen. Der Chauffeur schien mich im Rückspiegel beobachtet zu haben, er fragte: »Fahren wir zurück?«, ich sagte »Okay!«, er fuhr, ich lief die Treppen hinauf — Adolf, Berthold, Christian —, kein Kater zu sehen. Ich rief: »Jacky! Jacky!« — nichts. Verzweifelt eilte ich durch die Wohnung, legte mich auf den Teppich und suchte unter der Couch, stieg auf die Leiter und suchte auf der Küchenkredenz — verschwunden! Endlich entdeckte ich ihn unter einem Fauteuil, von wo aus er mir höhnisch lächelnd zusah. In diesem Augenblick haßte ich ihn. »Du

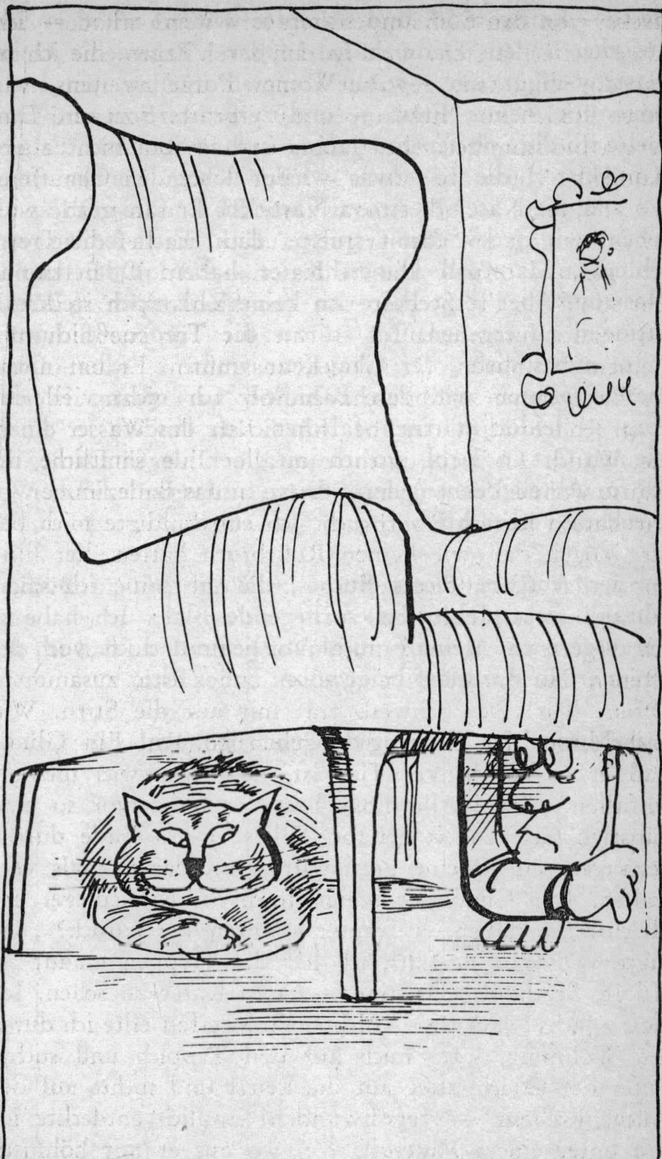

Bestie!« knirschte ich und stampfte wütend mit dem Fuß auf den Boden. Dadurch fiel in der Vitrine eine kleine Nestroy-Figur um — Alt-Wiener Porzellan, ein Lieblingsstück meiner Frau — und zerbrach. Sorgsam sammelte ich die Splitter und gab sie in eine Schachtel. Es gibt Kunstkitter, die so etwas wieder kitten können, aber wo war die Nase? Nestroys Nase? Ich konnte grade noch sehen, wie Jacky damit spielte, dann hatte er sie verschluckt. Man soll keinen Kater haben. Oder keinen Nestroy. Aber jetzt hatte ich keine Zeit, mich in Meditationen zu ergehen. Ich stürzte die Treppen hinunter, sagte nichts mehr, der Chauffeur wußte es schon. Diesmal erreichten wir den Bahnhof. Ich sprang in den Zug — leider in einen falschen. Ich landete in einem kleinen Ort in Tirol, wo ich mit einer jungen Dame, die ich im Abteil kennengelernt hatte, ein vergnügliches Wochenende verbrachte.

In der Ausgabe dieses Buches, die in meinem Bücherschrank steht, fehlt das vorliegende Blatt. Ich habe es herausgerissen. Meine Frau glaubt heute noch, daß ich der Premiere in Ransdorf beigewohnt habe. Pst!

Das Musical ist übrigens durchgefallen. Pst!

Ein Schlagerkomponist muß nicht unbedingt unmusikalisch sein, aber es hilft ihm.
Doch daß jeder denkt, einen Schlager schreiben zu können, das bereitete mir einmal

Schlaflose Nächte

Ich kann nicht schlafen. Warum nicht? Mein Zahnarzt, Dr. Wronsky, hat ein Lied komponiert. Einen Schlager, wie er sagt. Es ist über ihn gekommen wie über andere eine Beinhautentzündung. Über Nacht. Die Melodie flog ihm zu, und ich wünschte, sie wäre wieder davongeflogen. Aber sie blieb. Hartnäckig, wie eine von ihm behandelte Parodontose.

Nun hätte mir das alles nichts ausgemacht, Mozart hat auch komponiert, wenn auch anders. Aber da waren die Bachlehners, die unglücklicherweise eine Party gaben und die Wronsky und mich dazu einluden. Am Büfett sang er mir seine Komposition vor. Sie war scheußlich. Jeder Takt eine Umweltverschmutzung. Sie hatte weder Melodie noch Rhythmus, sie hatte nicht einmal einen Schluß. Wenn sie zu Ende war, blieb sie im Raume hängen wie ein Spinnengewebe.

Das alles sagte ich ihm leider nicht. Im Gegenteil, ich sagte, sie wäre ein Ohrwurm. Ich dachte nicht, daß er einen Text dazu haben wollte — und das ausgerechnet von mir. Ich lehnte ab. Zeitnot. Aber ich hätte keinen Whisky trinken dürfen. Nach dem vierten begann die Melodie mir zu gefallen und nach dem achten versprach ich ihm den Text. Das war die letzte Nacht, in der ich schlafen konnte. Am nächsten Morgen erwachte ich mit Kopfschmerzen und etwas Gräßlichem im rechten Ohr. Es war Wronskys Melodie. Wieso war ich eigentlich schon aufgewacht? Das Telefon. Ich hob den Hörer ab. »Haben Sie ihn schon?« erkundigte sich eine Stimme am anderen Ende der Leitung. »Wen?« fragte ich und dachte an einen gesuchten Verbrecher. »Den Text!« sagte die Stimme. Es war Wronsky. »Ich habe doch nicht —?« fuhr es mir wie ein indianischer Giftpfeil durch den Kopf. Doch — ich hatte. Jetzt erinnerte ich mich. Ich hatte ihm den Text versprochen. »Den Text habe ich noch nicht«, sagte ich so freundlich wie möglich. »Ich warte auf einen Einfall.« Ich wartete auf einen Einfall, wie ich Wronsky loswerden könnte. »Sie erinnern sich doch noch an mein Lied?« fragte er. »Es ging so!« Er sang mir die Melodie

vor, die keine war. Durch das Telefon klang sie noch fürchterlicher. »Sie kommen doch heute sowieso zu mir«, sagte Wronsky, »vielleicht bringen Sie den Text schon mit. Wenn nicht, können wir uns darüber unterhalten, während ich Ihnen die Zähne plombiere.« Diese Drohung fand ich ausgesprochen gemein und eines Komponisten unwürdig.

Am Nachmittag ging ich natürlich *nicht* hin. Als er anrief, sagte meine Frau, ich sei in Ceylon, aber *seine* Frau hatte mich im Café Stadtpark gesehen. In dieser Nacht begann es: Ich konnte nicht schlafen. Ich fragte mich dauernd: Was mache ich morgen? Am nächsten Tag wußte ich es: Ich machte nichts. Ich war so müde, daß ich nicht schreiben konnte. Am wenigsten Wronskys Text. Er rief an — meine Frau sagte, ich sei in Thailand. Leider hatte mich *seine* Frau im Theater an der Wien gesehen. An den folgenden Tagen war ich in Madrid, Milano, Tokio und Nowosibirsk. Wronskys Frau sah mich im Bus, beim Schneider, im Kino und in einem italienischen Restaurant. In letzterem mit einem verführerischen jungen Mädchen.

»Was war das für ein Mädchen?« fragte meine Frau mit einer Liebenswürdigkeit, die die Luster wackeln machte. Das Mädchen war Lilian. Lilian war in Dichterkreisen sehr gesucht. Sie war so dumm, daß jeder Satz, den sie sprach, schlagerverdächtig war. Man brauchte nur ein »ye, ye« oder »la la« anzuhängen. Ich hoffte, daß ihr eine auf die Wronsky-Musik passende Bemerkung entschlüpfen würde. Aber es entschlüpfte ihr nichts. Dafür entschlüpften meiner Frau ein paar Bemerkungen, die ich in diesem Buch nicht wiedergeben möchte, weil es ein Familienbuch werden soll. Meine Frau brach die diplomatischen Beziehungen zu mir ab. Ich stand dem Gegner und seinen Anrufen allein gegenüber. In dieser Nacht schlief ich wieder nicht.

Nach dem Morgengrauen erfolgte der erste Angriff. Meine Frau schloß sich zwar dem Feind nicht an, verhielt sich aber streng neutral. Das heißt, daß ich ans Telefon gehen mußte. »Haben Sie ihn schon?« fragte Wronsky. Ich begann mit einem Vernebelungsmanöver. »Ich habe die Hauptsache«, sagte ich. »Die erste Zeile. Und wer die erste Zeile hat, hat praktisch alles.«

»Wie heißt sie?« wollte er wissen.

»Das verrate ich nicht«, sagte ich, »das kann einem Schlager Unglück bringen.«

»Um Gottes willen!« wehrte Wronsky schnell ab. »Ich rufe Sie am Nachmittag an.«

Der Angriff war abgeschlagen. Wronsky gehörte zum Glück zu den abergläubischen Dentisten, seit ihm an einem Freitag, dem 13., bei einer Zahnextraktion die Zange abgebrochen war.

Am Nachmittag war ich nicht zu Hause, in der Nacht ging ich spazieren. Als ich am Morgen zurückkam, hatte meine Frau mir den Krieg erklärt. Sie war fortgegangen. Ganz vergessen aber hatte sie nicht auf mich. Es war Winter, und sie hatte mir, in ihrer rührend-besorgten Art, einen Zettel zurückgelassen: »Die Hausschuhe sind im Kühlschrank.«

Ich legte mich hin, um ein bißchen zu schlafen — ich war zu unruhig. Ich nahm ein paar Tranquilizers, was mir der Arzt streng verboten hatte. Das machte mich noch unruhiger. Ich sprang auf und ging ins Kaffeehaus frühstücken. Vorher schickte ich einen Kundschafter aus, der mir melden sollte, ob nicht vielleicht Frau Wronsky dort sei. Sie war, Gott sei Dank, nicht dort. Ich frühstückte. Der Ober, der mich nicht kannte, beobachtete mich mißtrauisch. Ich war unrasiert, unausgeschlafen, rotäugig, hohlwangig. Das hatte Wronsky aus mir gemacht. Ich haßte ihn!

Am Abend ging ich nach Hause. Meine Frau ignorierte mich. Ich legte mich hungrig ins Bett und versuchte es mit Schäfchenzählen. Als ich sechstausendzweihunderteinundvierzig Schäfchen gezählt hatte, mußte ich aufstehen. Ich wollte aus dem Haus sein, bevor Wronsky mich anrufen konnte.

Den Tag verbrachte ich, in Gesellschaft von Gastarbeitern, im Wartesaal des Südbahnhofs. Am Abend wollte ich es mit einem heißen Bad probieren. Ein Freund von mir, der an Schlaflosigkeit gelitten hatte, konnte nach einem heißen Bad wieder schlafen. *Ich* verbrannte mich. Am häuslichen Kriegsschauplatz nichts Neues. Am nächsten Tag suchte ich unseren Hausarzt, Dr. Meier, auf. Ich erzählte ihm, daß ich seit acht Tagen nicht schlafen könne. »Und da kommen Sie zu mir?« lachte er. »Ich kann seit acht Wochen nicht schlafen.« Ich verschrieb ihm ein Schlafmittel, ein Barbiturat, das bei mir immer sehr gewirkt hatte, das aber im Fall Wronsky anscheinend zu schwach war.

Die Nacht brachte ich in einem Café der Wiener Unterwelt zu. Man lud mich zu einer verbotenen Pokerpartie ein. Als ich mein Geld verspielt hatte, kam eine Razzia und brachte uns zur Polizei. Einer unserer Freunde und Helfer stieß mich in eine Zelle und sagte: »Schlafen Sie sich erst einmal aus!« Der Gute hatte keine Ahnung. Hätte ich mich ausschlafen können, hätte ich die Zelle nie wieder verlassen.

Am Morgen ließ man mich frei. In der Nacht hatte ich viel nachgedacht und nun wußte ich es. Ich war ein Fall für den Psychiater. Ich kannte einen solchen — Dr. Eidlitz —, aber wie kam ich zu ihm! Er wohnte in derselben Straße wie Wronsky. Ich wartete, bis es dunkel war, dann schlich ich mich in sein Haus. Er öffnete persönlich die Tür und erkannte mich nicht. Es war erschütternd. Mein Freund — Dr. Eidlitz — erkannte mich nicht. Ich war ein Bild des Elends geworden. Ich sagte ihm meinen Namen, er ließ mich ein, ich legte mich auf die Couch und begann zu erzählen: von meiner glücklichen Jugend und der trostlosen Gegenwart. Ich erzählte von Wronsky, von seiner Komposition und von meiner Schlaflosigkeit. Eidlitz sagte: »Du *mußt* schlafen. Ich gebe dir einen Rat: Geh zu Bett, schließ die Augen und versetz dich in deine Kindheit zurück. Du hast doch den Sommer mit deinen Eltern auf dem Land verbracht. Denk an einen besonders schönen Weg, den du dort gegangen bist, denk an

Bäume und Blumen — du wirst einschlafen. Du wirst träumen und gesund aufwachen.«
Voller Hoffnung ging ich nach Hause. Der Feind schlief bereits. Ich stieg in die Badewanne, sang nach langer Zeit wieder einmal leise vor mich hin, schlüpfte in meinen Pyjama und legte mich in das von meinem Gegner frisch überzogene Bett. Dann schloß ich die Augen und begann zu denken. Wo war ich einen besonders schönen Weg gegangen? Ich hatte es: in Perchtoldsdorf. Den Weg zur Heide und dann weiter, bis zur Bank unter den Föhren. Ich sah mich als Kind, ich ging und ging, ich sah Bäume und Blumen, ich hüpfte im Schrittwechselschritt, jagte den Schmetterlingen nach, ich war glücklich, selig, ich fühlte, wie ich müde wurde, meine Augen fielen langsam zu, ich bog um die Ecke, wer kam mir entgegen? Wronsky! Mit einem Schrei sprang ich aus dem Bett. Meine Frau ebenfalls. Nur mit Mühe konnte ich es verhindern, daß sie mich in eine Nervenheilanstalt bringen ließ. Nach längeren Verhandlungen rief sie Dr. Eidlitz an, der dann kam und mir eine Beruhigungsspritze gab.
Am nächsten Morgen kam ein Brief von Wronsky: »Verehrter Freund! Ich habe die letzten Nächte kein Auge zugemacht, weil ich nicht wußte, wie ich Ihnen das Geschehene mitteilen soll. Vor ungefähr einer Woche sang ich meinem Kollegen, dem Dentisten Dr. Buchfeld, meine Komposition vor. Er kann sich bis heute nicht erklären, wie es kam, er hat außer Rechnungen und zahnärztlichen Befunden nie etwas geschrieben, und doch fiel ihm auf der Stelle der zu meiner Musik passende Text ein. Verzeihen Sie, daß ich Sie in den letzten Tagen nicht mehr angerufen habe und Ihnen auf der Straße ausgewichen bin, es war mir zu peinlich. Lassen Sie uns weiterhin gute Freunde bleiben und seien Sie mir, bitte, nicht böse. Ihr Wronsky.«
Ich war nicht böse — im Gegenteil! Ich konnte mich wieder überall sehenlassen, brauchte mich vor Frau Wronsky nicht mehr zu verstecken, und — vor allem — ich fand meinen Schlaf wieder. Mit meiner Frau setzte ich mich

im Hotel Imperial zu einer gemütlichen Friedenskonferenz mit Sekt und Kaviar zusammen. Es war alles wieder wie in der schönen Vorwronskyzeit!

Der Dentistensong wurde ein Hit, die beiden Zahnärzte bekamen die Goldene Schallplatte.
Jetzt kann ich wieder nicht schlafen.

Ein Erwachsener weiß erst, wie wenig er weiß, wenn ein Kind zu fragen beginnt.
Und mein Neffe Ladi stellte eines Tages eine

Peinliche Frage

Es ist kein Wunder, daß Kinder fragen. Wie sollten sie es sich sonst erklären, daß ihre Mütter mit der Zeit blond und ihre Väter grau werden?
Ladi war fünf, als er zu fragen begann. Und am Anfang waren die Fragen lustig.
An einem schönen Sommertag zum Beispiel saßen wir in Pörtschach am Wasser, als mich eine Mücke in den Fuß stach. Es juckte natürlich und ich kratzte mich.
»Was machst du da?« fragte Ladi.
»Ich kratze mich.«
»Warum kratzt du dich?«
»Weil mich eine Mücke gestochen hat.«
»Wohin hat sie dich gestochen?«
»In den Fuß.«
»War dein Fuß schon einmal eingeschlafen, wie dem Vati seiner?«
»Natürlich.«
»Wenn dein Fuß eingeschlafen ist, träumt er dann, daß er dich juckt, oder juckt er wirklich?«
Ich sprach von etwas anderem.
Oder in der Kärntner Straße. Ich gab einem Bettler ein Almosen.
»Was hast du dem Mann jetzt gegeben?« fragte Ladi.
»Einen Schilling.«
»Kennst du ihn denn?«
»Nein.«
»Warum hast du ihm dann einen Schilling gegeben?«
»Weil wir da sind, um den andern zu helfen.«
»Wenn wir da sind, um den andern zu helfen, wozu sind dann die andern da?«
Ich kaufte ihm schnell ein Eis.
Oder im Zoo.
»Kommen Löwen in den Himmel?« fragte er mich.
»Nein.«
»Kommst *du* in den Himmel?«
»Ja.«
»Was geschieht, wenn du von einem Löwen gefressen wirst?«

Ich ging mit ihm zu den Eisbären.
»Was hat der Eisbär da an?«
»Ein Fell.«
»Warum hat der Eisbär ein Fell an?«
»Weil er im Polargebiet lebt und weil es dort kalt ist«, sagte ich, bereits sichtlich nervös.
»Und in Afrika ist es heiß?« fragte Ladi.
»Ja«, sagte ich.
»Wenn ein Eisbär nach Afrika käme, würde er schmelzen?«
Die Umstehenden lachten. Wir fuhren nach Hause.
Einmal kam Ladi ins Vorzimmer, als ich eben eine Motte erschlug.
»Was hast du da getan?« fragte er neugierig.
»Ich habe eine Motte erschlagen.«
»Warum hast du eine Motte erschlagen?«
»Weil sie Kleider frißt.«
»Haben Adam und Eva auch Kleider getragen?«
»Nein.«
»Wovon haben dann die Motten gelebt?«
Ich machte, als ob ich nichts hören würde.
Als Ladi sechs war, wurden die Fragen verfänglicher. So fragte er zum Beispiel:
»Wer bringt die kleinen Kinder, Onkel?«
Ich sagte: »Der Storch.«
Er dachte nach.
»Wenn der Storch die kleinen Kinder bringt, wer bringt dann die kleinen Störche?« wollte er wissen. Er hatte recht. Oder: »Weiß der Storch immer, wohin er die Kinder zu bringen hat?«
»Immer!« versicherte ich ihm.
»Hätte der Storch nicht meiner Mama einen kleinen Chinesen bringen können?«
»Nein«, sagte ich. »Der Storch irrt sich nicht.«
»Wenn sich der Storch nicht irrt, wieso hat dann unsere Nachbarin einen kleinen Neger?«
Unter dem Vorwand, daß es schon spät sei, schickte ich ihn nach Hause.

Mit sieben war es soweit.
Er stürzte ins Zimmer und erzählte:
»Gestern haben wir einen Ausflug gemacht, und da haben wir einen Festzug gesehen. Und da habe ich gesehen, wie ein Hahn auf eine Henne gestiegen ist. Warum ist der Hahn auf die Henne gestiegen?«
Ich sagte: »Wahrscheinlich wollte er den Festzug besser sehen.«
Meine Frau kicherte. Ich wußte keine bessere Antwort.
Und dann kam die berühmte Frage: »Woher komme ich?«
»Das mußt du deinen Vater fragen.«
»Der hat gesagt, ich soll dich fragen.«
»Der Schuft!« knurrte ich innerlich. Und zu Ladi: »Morgen werde ich es dir erklären.«
Als er gegangen war, fragte ich meine Frau: »Was mache ich jetzt?«
»Du mußt ihm die Wahrheit sagen«, meinte sie.
»Unmöglich!« sagte ich. »Das Kind könnte einen Schock bekommen.«
»Du mußt es ihm eben vorsichtig beibringen. Du kannst ihn nicht ewig mit deinen Störchen hinhalten.«
»Mit *meinen* Störchen!« sagte ich ärgerlich. »Sind das *meine* Störche?«
»Du wirst schon einen Weg finden«, beruhigte sie mich.
»Du bist doch nicht so dumm.«
Es passiert selten, daß sie mir so etwas sagt. Darum antwortete ich versöhnlich: »Ich werde es mir überlegen.«
In der Nacht hatte ich einen furchtbaren Traum. Ich sah Ladis Vater mit einem Storchenschnabel und Flügeln. Er stand im Kaffeehaus auf einem Bein und bestellte einen Frosch.
Schweißgebadet wachte ich auf. Wie sage ich es meinem Neffen? Am nächsten Tag blätterte ich im Konversationslexikon. Pünktlich, nach dem Essen, erschien Ladi.
»Kannst du mir schon sagen, woher ich komme?« fragte er.
»Ja«, sagte ich stolz.
Meine Frau sah mich neugierig an. Ich setzte mich so, daß

ich sie im Rücken hatte. Ich konnte ihren Blick nicht ertragen. Ich nahm Ladi bei den Händen.
»Paß auf!« sagte ich väterlich. »Du hast doch gewiß schon einmal eine Biene auf einer Blume sitzen sehen.«
»Ja«, sagte Ladi erwartungsvoll.
»Du weißt aber nicht, aus welchem Grund sie dort sitzt.«
»Nein.«
»Sie bestäubt die Blume. Das heißt, sie bringt den Blütenstaub anderer Blumen zu der Blume, auf die sie sich gesetzt hat, wodurch sich diese Blume vermehren kann.«
»Das nennt man bestäuben?« fragte Ladi.
»Ja.«
»Wischt meine Mami immer den Staub weg, damit wir uns nicht vermehren können?«
»Nein!« sagte ich und wurde etwas ungemütlich. Aber ich beruhigte mich wieder. »Du hast doch schon einen Schmetterling auf einer Blume sitzen sehen.«
»Ja«, sagte Ladi.
»So etwas Blödes«, zischte es hinter meinem Rücken.
Aber ich ließ mich nicht beirren. »Auch ein Schmetterling kann eine Blume bestäuben«, sagte ich. »Wenn nun der Schmetterling die Biene ... das heißt, wenn die Biene den Schmetterling ... ich meine, wenn die Biene die Blume bestäubt ...«, ich begann zu schwitzen, »dann bekommt sie ein Kind ...«
»Die Biene?«
»Die Blume.« Sollte meine Frau nicht zu glucksen aufhören, müßte ich sie aus dem Zimmer weisen.
»Und was ist mit dem Schmetterling?«
Ja, was ist mit dem Schmetterling? Ich wußte es nicht.
»Der hat doch die Blume auch bestäubt«, fuhr Ladi fort.
»Ja«, sagte ich etwas laut und ungeduldig, »aber der Schmetterling fliegt davon.«
»Aber das kann er doch nicht«, meinte Ladi.
»Doch, das kann er!« schrie ich ihn an. »Warum sollte er das nicht können?« Sollte ich ihm erzählen, wie oft im Leben ein Schmetterling davonfliegt, nachdem er eine Blume bestäubt hat? »Die Hauptsache ist, daß du weißt,

daß zwei Menschen, die miteinander verheiratet sind, die einander lieben und küssen, ein Kind bekommen! Weißt du das jetzt, du Lausbub?« Ich packte ihn drohend vorne an der Jacke. »Weißt du es? Sag mir, ob du es weißt?« Meine Frau preßte ein Taschentuch vor den Mund und verließ schnell das Zimmer.

»Ja«, sagte Ladi erschrocken, »ich weiß es. Ich weiß nur nicht, weshalb du mir das alles erzählst.«

»Wieso weißt du es nicht?« fragte ich wütend. »Du wolltest doch wissen, woher du kommst! Oder nicht?«

»Ja«, gab Ladi zu, »aber nur . . .« Er stockte.

»Was nur?«

»Nur weil in meiner Klasse ein Bub ist — der kommt aus Linz!«

Das ist schon einige Jahre her. Ladi fragt nicht mehr. Nächste Woche hat er seinen ersten Vaterschaftsprozeß.

Es gibt Menschen, die man gerne sieht, und andre, die man besser meidet.
Dann gibt es noch eine dritte Klasse: Menschen, die man gerne sieht und die man dennoch besser meidet. Zur letzteren gehören Dr. Robinson und Frau.
Wir machten diese Entdeckung anläßlich einer Weihnachtsfeier. Es war, wie man sagt,

Eine schöne Bescherung

Pinagls gaben eine Weihnachtsparty. Sie haben zwei süße Kinder, Susi, sechs, und Paul, acht — warum also nicht? Wenn wir, meine Frau und ich, Kinder hätten, würden wir vielleicht auch eine Weihnachtsparty geben. Weihnachten ist ja das Fest für die lieben Kleinen. Sie zeigen einander die neuen Spielsachen, jedes hätte lieber das des andern, sie beginnen zu streiten und zu weinen, bis sie, zum Vergnügen der Erwachsenen, in ihre Betten geschickt werden. Aber ich will nicht vorgreifen.

Als wir ankamen, waren bereits zwei andere Ehepaare da: unser Anwalt, Dr. Robinson mit Gattin, sowie Herr und Frau Wimmer, mit einem reizenden, ungefähr sieben Jahre alten Jungen, den sie bald »Bubi«, bald »Liebling«, bald »Engel« und bald »Schönheit« riefen. Wie er wirklich hieß, weiß ich bis heute nicht.

Wir versammelten uns in Pinagls Arbeitszimmer und tranken Sherry. Plötzlich klingelte das Christkind. Frau Pinagl öffnete die Tür zum Wohnzimmer — wir waren geblendet. Unter einem Plastikbaum mit Plastikkerzen lagen für Susi eine Plastikpuppe, eine Plastikküche und eine Plastikpuppenkücheneinrichtung — für Paul eine Plastikeisenbahn, ein Plastikfeuerwehrauto und ein Plastik-MG. Bubi bekam eine Plastiktrompete, Plastikindianer und Plastikcowboys. Dazu klang es vom Plattenspieler her »I can give you anything but love, baby«, gesungen von Louis Armstrong. Frau Pinagl hatte die Platte verwechselt. Sie wollte eigentlich »Stille Nacht, heilige Nacht« spielen. Pinagl warf seiner Frau einen unweihnachtlichen Blick zu, die Platte wurde ausgewechselt, und im Nu war die feierliche Stimmung wiederhergestellt. Die Kinder stürzten sich auf ihre Plastikspielsachen, es war rührend, und ich fühlte, wie sich eine Plastikträne in mein Auge stahl.

Nun wurden die Erwachsenen beschert. Pinagl schenkte mir eine Krawatte, die — wie ausgesucht — zu keinem meiner Anzüge paßte, meine Frau bekam einen Brieföffner, auf dem »Gruß aus Ischl« stand. Wer sie aus Ischl grüßen ließ, haben wir nie erfahren. Wir schenkten

Pinagls einen Salz- und Pfefferstreuer, die sie wahrscheinlich nie verwenden werden. Sie waren sehr häßlich. Robinsons bekamen von Pinagls einen Wandteller und schenkten Pinagls dafür die kleine Vase, die wir im Vorjahr den Pfandls geschenkt hatten. Ich erkannte sie an dem Sprung, den sie hatte. »Entschuldigt«, hatte ich damals gesagt, »das muß mir beim Einpacken passiert sein!« So etwas konnte nur mir einfallen. Ich bin ein Schlauer! »Entschuldigt«, hörte ich im selben Moment Robinson sagen, »das muß mir beim Einpacken passiert sein!« Meine Frau mußte lachen. Sie sagte, aus Freude über den Brieföffner.

Die Wimmers bekamen einen kleinen Elefanten — es war derselbe, den beim letzten Weihnachtsfest die Wolfs den Pinagls geschenkt hatten — und brachten Susi dafür ein Bilderbuch und Paul ein zeitgemäßiges Puzzlespiel: »Vereinte Nationen.« Wie immer man es zusammensetzte, war es falsch. Bubi bekam »Der kleine Bastler: Wie baue ich eine Atombombe?« Er befaßte sich sofort damit, und in 10 Minuten gab es eine Explosion. Menschenleben gab es keine zu beklagen, aber wir alle hatten schwarze Gesichter. Bubi scheint die Gebrauchsanweisung nicht richtig gelesen zu haben. Aber alle lachten und verwünschten innerlich den kleinen Bastler und den, der ihm dieses Geschenk gemacht hatte. Daß die kleine Perserbrücke Feuer fing und verbrannte, störte mich nicht. Es war mir noch rechtzeitig gelungen, die Krawatte, die Pinagls mir geschenkt hatten, unbemerkt in die Flammen zu werfen.

Zum Essen gab es Geflügelcremesuppe, Truthahn, eine Eisbombe — und dazu ein Blaskonzert für Plastiktrompete, alternierend ausgeführt von den Geschwistern Susi und Paul Pinagl und Herrn Bubi Wimmer. Schließlich wollte Bubi seine Trompete nicht mehr aus der Hand geben, die Kinder stritten und weinten (siehe oben), und Susi und Paul wurden zu Bett geschickt. Bubi suchte für den Rest des Abends die Trompete, die ich, während des Abgangs der Pinaglkinder, geschickt mit dem Fuß unter die Couch gestoßen hatte.

Um Mitternacht brachen wir auf. »Ich möchte euch für den reizenden Abend danken«, sagte ich zu Pinagls und dachte dabei: »Aber ich kann es nicht!« Wimmers und Bubi empfahlen sich ebenfalls. Dr. Robinson und Frau bestanden darauf, uns in ihrem neuen Wagen nach Hause zu bringen. »Das ist nicht nötig«, sagten wir, »wir wohnen keine zehn Minuten von hier, und ein kleiner Spaziergang ist ganz gesund.« Aber Robinson ließ nicht locker. »Ich lasse euch bei Nacht nicht zu Fuß gehen«, sagte er, »ihr wißt, wie unsicher es auf den Straßen ist.« Also sagten wir ja. Und warum sollten wir nicht mit ihm fahren? Wenn ich an die Anwaltsspesen dachte, die wir ihm im Laufe der Jahre bezahlt hatten, gehörte mindestens eines der vier Räder uns.
Der neue Wagen war ein Prachtstück. »Ihr müßt beide von der linken Seite einsteigen«, sagte Robinson, »von der rechten Tür ist der Türgriff abgebrochen und kann erst nach Weihnachten repariert werden. Bei neuen Wagen kommt das vor.« Also stiegen wir von der linken Seite ein. Der Wagen war etwas niedrig, so daß ich mir sofort das Kreuz verrenkte. Schwungvoll warf Robinson die Tür zu, stieg ein und startete. Das heißt, er wollte starten. Der Wagen sprang nicht an. »Es ist ihm kalt!« sagte Frau Robinson, und wir nickten verständnisvoll. »Bei neuen Wagen kommt das vor.« Dem Wagen war volle zwölf Minuten kalt. Endlich gab es einen Ruck. Der Wagen war, wie bereits erwähnt, etwas niedrig, wodurch mein Kopf gegen das Dach schlug. »Hast du dir weh getan?« fragte Frau Robinson. Ich sagte nein und wußte nicht, was mehr schmerzte — der Kopf oder das Kreuz. Wir fuhren los und waren in vier Minuten vor unserem Haus.
Wir reichten Robinsons die Hände und dankten ihnen, daß sie uns nach Hause gebracht hatten. »Ihr müßt links aussteigen«, sagte Robinson, »von der rechten Tür ist der Türgriff abgebrochen und kann erst nach Weihnachten repariert werden.« Wir wußten das bereits — bei neuen Wagen kommt das vor — wir wollten aussteigen — die Tür ging nicht auf. »Du mußt leicht dagegendrücken«,

sagte Robinson. Ich drückte leicht dagegen, ich drückte stark dagegen — die Tür ging nicht auf. »Deine Frau soll gegen *dich* drücken«, riet Robinson. Meine Frau drückte gegen mich, ich drückte gegen die Tür — die Tür ging nicht auf. »Ich werde es von außen versuchen«, meinte Robinson und wollte aussteigen — aber auch seine Tür ging nicht auf. »Versuch es bei dir«, sagte er zu seiner Frau. Frau Robinson versuchte — auch ihre Tür ging nicht auf. »Wir sind gefangen!« stellte meine Frau fest. »Lächerlich!« meinte Robinson. »Versuchen wir es zu dritt!« Er stand auf, drehte sich um, kniete sich auf seinen Sitz, drückte gegen meine Frau, meine Frau drückte gegen mich, ich drückte gegen die Tür — die Tür ging nicht auf. Robinson drehte sich nach vorn, wobei er seiner Frau die Perücke verschob, und wir verschnauften ein wenig. Meine Frau hatte eine Weltidee: »Wir zerbrechen eines der Fenster, stecken die Hand durch und versuchen es von außen.« Robinsons Blick verdüsterte sich. »Das Glas ist unzerbrechlich«, sagte er.
Langsam wurde es kalt, weil die Heizung nur funktionierte, wenn man den Motor laufen ließ. Robinson stellte also den Motor wieder an. Vier Menschen, in Pelze gehüllt, erbarmungslos eingeschlossen in einen Wagen, dazu der Benzingeruch — Robinson stellte den Motor wieder ab. Es wurde wieder kalt.
»Wenn wir zu Fuß gegangen wären«, stöhnte meine Frau, »könnten wir jetzt schon im Bett liegen.«
»Ist das der Dank, daß wir euch mitgenommen haben?« krähte Frau Robinson. Frau Robinson krähte immer, aber in dieser Nacht war sie besonders gut bei Kräh.
»Wir wollten ja gar nicht mitgenommen werden!« konterte meine Frau.
»Hast du gehört, Emil?« rief Frau Robinson höhnisch. »Sie wollten nicht mitgenommen werden!« Und zu uns: »Vor dem Wagen seid ihr gestanden und habt ihn so lange angeglotzt, bis wir euch mitnehmen *mußten!*«
Meine Frau wandte sich entrüstet an mich. »Was sagst du!?« fragte sie. »*Wir* haben den Wagen angeglotzt!«

Ich versuchte, Frieden zu stiften. »Wir haben den Wagen *nicht* angeglotzt, Bela«, sagte ich zu Robinson.
»Und *wenn* wir ihn angeglotzt haben«, fügte meine Frau hinzu, »dann haben wir ihn nur angeglotzt, weil wir uns gefragt haben, welche Snobs ein solches Ungetüm fahren.«
Meine Bemühung, den Frieden zu erhalten, war gescheitert, denn jetzt mischte sich Robinson ins Gespräch.
»Das ist eine Beleidigung!« schrie er. »Den ›Snob‹ lasse ich nicht auf mir sitzen!«
»Ich auch nicht!« pflichtete seine Frau ihm bei.
»Ihr könnt uns ja klagen!« sagte meine Frau.
»Drauf könnt ihr euch verlassen!« schrie Robinson wieder.
»Hättet ihr euch ein Taxi genommen, wenn euch unser Wagen nicht paßt!« fiel Frau Robinson ein.
»Wir wollten ja gar nicht fahren!« brüllte nun meine Frau. »Ihr habt uns ja nicht zu Fuß gehen lassen!«
Robinson tobte. »Das ist eine Lüge!« schrie er.
Das war wieder mir zuviel. »Wollt ihr vielleicht behaupten, daß meine Frau eine Lügnerin ist?«
»Mischen Sie sich nicht ein!« stellte Robinson mich ab. Wir waren bereits per Sie. »Im übrigen, verlassen Sie meinen Wagen!«
»Wenn wir das könnten«, dachte ich.
»Wagen?« lachte meine Frau, aber es war kein freundliches Lachen. »Das ist doch kein Wagen! Das ist ein fahrendes Gefängnis! Darin fühlen vielleicht *Sie* sich wohl und auch Ihre Frau, aber wir nicht!«
»Wollen Sie damit andeuten, daß meine Frau und ich ins Gefängnis gehören?« fragte Robinson lauernd. »Ich werde Sie verklagen! Wegen Ehrenbeleidigung!«
»Und ich werde *Sie* verklagen! Wegen Freiheitsberaubung!« schrie jetzt auch ich.
»Sehr richtig!« stimmte meine Frau mir zu. »Wie kommen wir dazu, die Nacht in einem solchen Vehikel zu verbringen!«
»Vehikel!« Frau Robinson fiel fast in Ohnmacht. »Wissen Sie, was dieses ›Vehikel‹ gekostet hat? Zweihundertvierzigtausend Schilling!«

»Haben Sie es schon bezahlt?« fragte ich grinsend.
»Nicht ganz«, grinste Robinson zurück. »Den Rest werde ich bezahlen, bis Sie die Güte haben werden, das Honorar zu begleichen, das Sie mir von Ihrem letzten Plagiatsprozeß her noch schuldig sind!«
Jetzt hatte ich genug. »Sie Winkeladvokat!« schleuderte ich ihm ins Gesicht.
»Sie Schandfleck der Literatur!« gab er den Ball zurück. »Sie und Ihre Brettldiva —«
»Brettldiva?« unterbrach meine Frau ihn empört. »Mich hat mein Mann aus Liebe geheiratet, während Sie Ihre Frau nur genommen haben, weil sie eine Million Schilling hatte!«
»Das kannst du nicht sagen«, wies ich meine Frau scheinbar zurecht. »Er hätte sie auch genommen, wenn sie eine Million Dollar gehabt hätte! Hahaha!« Ich beschloß, mir diese Pointe zu merken.
»Hahaha!« machte Robinson mir nach.
»Das läßt du dir gefallen?« kreischte seine lautere Hälfte. Robinson holte aus und wollte mir eine Ohrfeige geben. Zu unserem größten Vergnügen bedachte er die Enge des Raumes nicht und schlug seine Frau mit dem Handrücken ins Gesicht.
»Du hast mich geschlagen!« begann sie zu jammern. »Nach zwanzigjähriger Ehe!«
»Wenn du mir mit dem Gesicht in die Hand rennst?« fauchte Robinson sie an. Die beiden vergaßen auf uns und stritten nach Art des Hauses. Meine Frau und ich lehnten uns zurück, und bald waren wir eingeschlafen.
Plötzlich erwachte ich. Jemand mußte aus dem Wagen gefallen sein. Als ich mich umsah, war *ich* es. Ich mußte mich gegen die Tür gelehnt haben, die anscheinend plötzlich von selbst aufgegangen war. Zu meinem Glück war ich in einen Schneehaufen gefallen, sehr zum Gaudium der Kinder, die den Wagen umstanden. Es war bereits 8 Uhr früh. Ich öffnete die restlichen drei Türen, weckte meine Frau und die Robinsons.
»Na also!« sagte Robinson freundlich. »Da wären wir.«

»Ja«, sagte ich, »und vielen Dank, daß ihr uns mitgenommen habt.«
»Fröhliche Weihnachten!« sagte meine Frau.
»Fröhliche Weihnachten!« sagten Robinson-Er und Robinson-Sie. »Und laßt euch bald bei uns anschaun!« Dann fuhren sie los. Wir winkten ihnen nach. An der nächsten Ecke hatten sie eine Panne.

Bei neuen Wagen kommt das vor.

Berkowitz' Ehe wurde geschieden. Die Kinder bekam sie, die Wohnung er, und das Geld bekamen die beiden Anwälte. Schuld an allem war

Eine Geburtstagsüberraschung

Berkowitz kam vom Büro nach Hause.
Elisabeth, seine Frau, öffnete ihm persönlich die Tür und sang:

»Happy birthday to you,
Happy birthday to you,
Happy birthday, dear Emmerich,
Happy birthday to you!«

Sie fiel ihm um den Hals und küßte ihn. Berkowitz war starr. Er hatte auf seinen Geburtstag vergessen.
Elisabeth führte ihn zur Wohnzimmertür, band ihm ein schwarzes Tuch vor die Augen und sagte:
»Du wirst jetzt ganz brav da hineingehen und warten, bis ich zurückkomme. Ich habe eine große Überraschung für dich. Aber schwöre mir, daß du die Augenbinde nicht abnimmst.«
»Ich schwöre!« sagte Berkowitz feierlich.
Elisabeth öffnete die Tür und ging zurück zur Küche. Berkowitz stand mit verbundenen Augen allein im Zimmer. Er tastete sich, so schnell er konnte, zum Telefon, hob den Hörer ab und wählte, mit den Fingern fühlend, eine Nummer. Dann wartete er. Eine Stimme meldete sich.
»Kann ich Frau Podwinetz sprechen?« fragte Berkowitz leise. »Ja, die junge Frau. Frau Henny. Sagen Sie, E. B. ist am Apparat. Danke!« Er wartete, immer nervös nach der Küche horchend. Seine Frau konnte jeden Moment kommen.
»Henny?« sagte er endlich. »Ich bin's. Emmerich. Ich bin glücklich, daß ich dich erreicht habe. Verzeih mir, aber wir können uns heute nicht treffen. Ich habe meinen Geburtstag vergessen. Meine Frau hat eine Überraschung für mich, und da kann ich sie nicht gut allein lassen. — Du bist mir bös? Ich habe doch sonst immer Zeit für dich, Liebling. — Heute wäre es dir grad bequem gewesen, weil Robert eine Einladung hat? — Ich bedaure es ja auch, Schatz, aber was nicht geht, geht nicht. — Du willst Schluß mit mir machen? Sei doch nicht kindisch!« Er

flüsterte erotisch: »Oder hast du die gestrige Nacht vergessen? Die wollen wir doch wiederholen! — Das wird nicht möglich sein, weil Robert in der nächsten Zeit nicht verreisen wird? Es wird sich schon eine Gelegenheit finden. — Warum hast du Angst? — Frau Stammler hat eine komische Bemerkung gemacht, als ob sie wüßte —? Frau Stammler soll lieber auf ihren Mann aufpassen. Der hat seit einem Monat ein Verhältnis mit seiner Sekretärin. Und daß es Frau Stammler mit ihrer Treue nicht so genau nimmt, wirst du doch wissen. — Nein? Da bist du aber die einzige. Die läßt sich doch von jedem — sagen wir — küssen. — Wer mir das erzählt hat? Das große Rundfunkorchester. Also die sagt Robert bestimmt nichts. Außerdem ist Robert mein Chef. Wenn er wirklich etwas wüßte, hätte er mich das schon längst merken lassen. — Wir müssen trotzdem vorsichtig sein? Warum? — Du bist den Wieners begegnet, als du aus dem Hotel kamst? Hm! Haben sie dich gesehen? — Das weißt du nicht? Ich sage dir, sie haben dich nicht gesehen. Wenn die allein sind, reden sie nur von den dummen Geschichten, die er macht. — Du verstehst mich falsch. Er *macht* keine dummen Geschichten, er *schreibt* welche. Und hie und da versorgt sie ihn mit Ideen. Die sagen Robert bestimmt nichts. Cissy wäre zu klug dazu und Hugo zu dumm. Also mach keine Sachen — morgen um siebzehn Uhr, wie immer. Kuß.«
Er legte den Hörer auf, und es war höchste Zeit. Elisabeth kam ins Zimmer.
»So, Liebling!« sagte sie. »Ich nehme dir die Binde ab — und jetzt schau, was wir für liebe Gäste haben!«
Im Zimmer saßen, mit grimmigen Gesichtern, mein Chef Robert Podvinetz, Herr und Frau Stammler, meine Frau und ich.

Happy birthday, dear Emmerich,
Happy birthday to you!

Wenn eine Frau fahren lernen will, soll man ihr nicht im Wege stehen. Zu dieser Erkenntnis kam ich, als mich die meine, anläßlich ihrer ersten Ausfahrt, gegen das Gartentor schleuderte. Seither warne ich jeden:

»Vorsicht! Meine Frau kommt!«

Die Worte, die ich sage, sind immer wohlüberlegt. Und trotzdem — *ein* Satz hätte nie über meine Lippen kommen dürfen. Er lautete: »Frau Hermann macht den Führerschein.« Ich hatte die Folgen nicht bedacht, die dieser Satz nach sich ziehen würde. Meine Frau sprang auf und rief: »Siehst du, das hast du davon!«
Ich verstand nicht. »Was habe ich von was?« fragte ich.
»Daß andere Frauen den Führerschein machen und deine nicht! Daran ist nur deine Knauserei schuld!«
Ich war konsterniert.
»Liebling«, erinnerte ich sie, »wir haben doch gemeinsam beschlossen, lieber alle Wege im Taxi zu erledigen, als einen Wagen zu kaufen. Das Taxi bringt dich bis vor das Haus, du hast keine Parkplatzsorgen, mußt keine Reparaturen bezahlen —«
»Und muß dafür sehen«, unterbrach sie mich, »wie Frau Hermann mit hämischem Lächeln an mir vorüberfährt, während ich das Taxi bezahle.«
Nun ist Frau Hermann eine sehr nette, sympathische Dame, die ich mir mit einem hämischen Lächeln gar nicht vorstellen konnte.
»Wir kaufen ein Auto!« erklärte meine Frau, »und ich mache den Führerschein!«
»Oho!« sagte ich und wollte mit der Faust auf den Tisch schlagen, aber der Tisch stand leider — oder zu meinem Glück — zu weit von mir entfernt. »Oho!« wiederholte ich deshalb. »Ein Auto? Nie und nimmer!«
Das war Mittwoch abend. Donnerstag früh sahen wir uns die neuen Maseratis an, und am Nachmittag kaufte ich einen gebrauchten Volkswagen.
Nun kam die Frage der Garage. Meine Frau wollte natürlich eine Dauergarage haben. Wir lasen sämtliche Angebote, meine Frau rannte von einer Adresse zur andern — nichts. Endlich, nach einer Woche, kam sie strahlend nach Hause.
»Ich habe die Garage!« rief sie. »Kostet drei Millionen, und da ist noch ein Haus dabei!«
Unser Hausarzt, Dr. Brosch, wohnt gleich um die Ecke,

und so dauerte es nicht lang, bis er mich ins Leben zurückgerufen hatte.
»Drei Millionen!« rief ich. »Wo sollen wir die hernehmen?«
»Wir brauchen sie nicht auf einmal«, beruhigte mich meine Frau. »Die erste Million müssen wir cash bezahlen, die andern zwei in Raten. Wir werden eben sparen. *Du* wirst nicht mehr in deinen Klub gehen, und *ich* werde dir das Rauchen abgewöhnen.«
Gerührt über die Opfer, die sie zu bringen bereit war, sprach ich mit meinem Anwalt. Er verschaffte mir eine Million als Hypothek auf das Haus, das noch nicht uns gehörte. Wie wir den Rest aufbringen sollten, wußte nur Gott. Und ich glaube, nicht einmal ER wußte es.
Nun kam die Fahrschule. Meine Frau, mit der ich bisher zu Hause über alles reden konnte — ob Politik, Wirtschaft oder Kunst, sie wußte in allem Bescheid —, sprach plötzlich nur noch über Nockenwellen, Zündkerzen und Ventilatoren und ließ mich, der ich von alldem keine Ahnung hatte, meine Nichtigkeit fühlen.
So fragte sie mich zum Beispiel: »Welches Rad dreht sich in der Kurve am wenigsten?« Ich sagte: »Das Reserverad.« Die Antwort war nicht richtig, aber billig. Sie kostete meine Frau nur ein höhnisches Lachen.
Es war eigenartig, aber entgegen den meisten anderen Frauen war sie in der Theorie besser beschlagen als in der Praxis. Aber sie machte auch darin Fortschritte. Ihr Fahrlehrer, den ich kennengelernt hatte, sagte mir: »Es wird schon gehen. Heute bin ich nur noch dreimal blaß geworden.«
Und es ging. Den Führerschein schaffte sie in zehn Minuten. Der Prüfungskommissar versprach ihr: »Ich lasse Sie durchkommen — lassen Sie mich aussteigen!«
Und nun fuhr sie. Mein Freund Pepper, dessen Frau eben erst begonnen hatte Fahrstunden zu nehmen, fragte mich: »Wie viele hat deine gebraucht, bis sie fahren konnte?« Ich sagte: »Vier.« Er meinte Stunden, ich meinte Autos. Dabei war sie eine gute Fahrerin. Sie hatte nur Pech.

Zum Beispiel der Baum neulich. Jahrzehntelang stand er auf seinem Platz, plötzlich sprang er ihr in den Weg. Oder die nachlässige Art, mit der die Stadt Wien ihre Straßen zu bauen pflegt. Meine Frau wollte in eine Seitenstraße einbiegen, und es war keine da.
Und dann fuhr ich zum erstenmal mit ihr. Mit einem Gefühl, wie es Andreas Hofer gehabt haben mußte, als er vor dem Hinrichtungspeloton stand. Mutig, den Tod vor Augen. Aber ich bewunderte sie. Wenn sie am Volant saß, kannte sie nichts. Keine Einbahnstraßen, keine Verkehrsampeln — nichts. Ich, der ich ja als Fußgänger auch gewisse Kenntnisse besaß, bat sie verzweifelt: »Wenn es grün wird, fahr — wenn es rot wird, steh — wenn ich weiß werde, nimm das Gas weg!« Aber sie dachte nicht daran. Und als ich sah, wie geschickt ihr die andern auswichen, wurde auch ich ruhiger. Ich drückte nur immer die Augen zu und hatte ein Gefühl, als ob Milz und Leber den Platz getauscht hätten. Plötzlich rief sie: »Die Bremse versagt! Was soll ich tun?« Ich flehte sie an: »Fahr gegen etwas Billiges!« Aber sie — krach! — fuhr in das Schaufenster eines Porzellanwarengeschäftes.
Wissen Sie, was heute ein Schaufenster kostet? Und erst Porzellanfiguren? Und gar künstlerische Porzellanfiguren, wie Meißner, Augarten usw.? Und das Schaufenster war voll damit. Wir brachten die Scherben nach Hause und bemühten uns, sie richtig zusammenzusetzen. Das erste, was uns gelang, war ein Reiter der Spanischen Hofreitschule mit zwei Köpfen. Dafür fanden wir ein Pferd, das überhaupt keinen Kopf hatte. Meine Frau setzte ihm einen Beethovenkopf auf, dessen Körper in tausend Stücke zersprungen war. Wir nannten das Gebilde »Centaur« und stellten es in die Vitrine, wo es noch heute von allen unseren Besuchern bewundert wird. Als wir das sahen, bemühten wir uns gar nicht mehr, die richtigen Stücke zusammenzusetzen. So haben wir jetzt einen dirigierenden Johann Strauß mit einer Rose an Stelle des Kopfes, einen Veilchenstrauß, aus dem das Gesicht Kaiser Franz Josephs blickt, sowie eine Ballerina mit Elefantenbeinen. Den

Rüssel des Elefanten klebten wir Fanny Elßler ins Gesicht. Die Kritik nannte es »Pop-Art«, und wir bekamen ein Kaufangebot nach dem andern. Bald entwickelte sich ein schwungvoller Handel, meine Frau kaufte alle verfügbaren zerbrochenen Porzellanfiguren auf, und heute haben wir vierzig Klebedamen, die die Stücke zusammenleimen, wie sie ihnen in die Hände kommen. »Känguruh mit Weihnachtsbaum«, »Pierrot mit Kuhkopf«, »Kuh mit Schmetterlingsflügeln« usw. Unsere Käufer, hauptsächlich Amerikaner, freuen sich über die Zertifikate, die wir ihnen ausstellen und in denen wir ihnen bestätigen, daß von dem von ihnen gekauften Kunstgegenstand kein zweites Stück existiert. Ich bekam das Goldene Ehrenzeichen der Republik, meine Frau wurde Kommerzialrätin.
Inzwischen haben sich auch ihre Fahrkünste verbessert. Natürlich kann immer etwas passieren, und so hatten wir gestern unseren, wie ich hoffe, letzten Prozeß wegen eines Verkehrsdelikts. Meine Frau hatte einen Mann niedergestoßen, der eine leichte Verletzung am linken Fuß davontrug und der jetzt von uns 20 000 Schilling Schmerzensgeld verlangte.
»Zwanzigtausend Schilling!« rief ich. »Ich bin doch kein Millionär!«
»Und ich bin kein Tausendfüßler«, sagte er, worin ich ihm recht geben mußte. Ich muß abwarten, bis meine Frau die Lust am Fahren verliert. Es wird schon werden. Und es wurde.
Vorgestern war sie zu ihrer Freundin gefahren, während ich am Schreibtisch saß und arbeitete. Plötzlich schnarrte das Telefon. Ich hob ab, es war unsere Reparaturwerkstätte. »Die gnädige Frau hat eben ihren Wagen eingeliefert, und da möchten wir wissen, wer . . .«
»Schon gut«, unterbrach ich ärgerlich, weil ich durch den Anruf bei der Arbeit gestört worden war. »Ich bezahle die Reparatur von dem Wagen.«
Darauf die andere Seite: »Das interessiert uns nicht. Wir möchten nur wissen, wer die Reparatur von der Werkstatt bezahlt!«

Zwei Stunden später kam meine Frau nach Hause, schmutzig, zerschunden, am Boden zerstört. Sie schwor, sich nie wieder hinter ein Lenkrad zu setzen. Den Wagen ließen wir herrichten. Im Dunkeln sah er noch ganz passabel aus.

Am nächsten Tag gaben wir zwei Inserate in die Zeitung:
1. Inserat: Volkswagen zu verkaufen. Nur abends zu besichtigen.
2. Inserat: Haus mit Garage billig abzugeben.

Der Mann, der die Party erfunden hat, soll sein Leben lang Gäste haben müssen. (Neuzeitlicher Fluch)

An diesen Fluch dachten meine Frau und ich, als wir zu Peppers fuhren, die uns zu einer Party geladen hatten. Wir ahnten ja nicht, daß wir IHN dort kennenlernen würden. ER — das war

Mühlbach, der Wünschelrutengänger

Wir verbrachten längere Zeit im Ausland und hatten deshalb unsere Wiener Wohnung aufgegeben. Als wir zurückgekehrt waren und beschlossen hatten, nun endgültig hier zu bleiben, richteten wir uns ein neues Heim ein. Wir hatten eingebaute Schränke, eine Bibliothek mit eingebauten Bücherregalen, Spannteppiche unter den Persern, ein herrliches Schlafzimmer — es war richtig gemütlich bei uns. Wir hatten deshalb auch gar keine Lust, auszugehen. Aber Peppers hatten uns zu ihrer Party geladen, wir hatten zugesagt und so blieb uns nichts anderes übrig, als dort aufzukreuzen, wenn auch nur für kurze Zeit. Aber wir bereuten es nicht.
Wir lernten einen sehr interessanten Menschen kennen — Dr. Mühlbach —, der ein ebenso interessantes Hobby hatte: die Wünschelrute. Ich habe bisher von Wünschelruten nicht viel gehalten, als ich aber erfuhr, daß Dr. Mühlbach bereits zu wiederholten Malen unterirdische Wasser- und Metallvorkommnisse entdeckt hatte, wurde ich neugierig. Naturgemäß kamen wir auf Erdstrahlen und Wasseradern zu sprechen, die ja, wie man sagt, alle möglichen Krankheiten hervorrufen können. Wenn Ihr Bett zum Beispiel auf einer Wasserader steht, brauchen Sie sich nicht zu wundern, wenn Sie Rheuma oder ein anderes Leiden bekommen. Soweit Dr. Mühlbach.
Als wir uns von ihm verabschiedeten, luden wir ihn für den nächsten Sonntag zum Kaffee ein. Dr. Mühlbach nahm an und erschien am nächsten Sonntag, zu unserer Freude, mit seiner Wünschelrute. Er wollte unsere Wohnung nach Strahlen testen.
Gleich nach der Jause begann er mit seiner Suche. Im Vorzimmer fand er keine Strahlen, aber in der Küche. »Die müssen Sie woandershin verlegen«, meinte er, »sonst ist Ihre Frau gefährdet.«
Wohin verlegt man eine Küche? Noch wußten wir es nicht. Dr. Mühlbach klebte rote Tixobänder auf den Boden, um die Stellen anzuzeigen, die besonders gefährlich waren.
Wir gingen ins Speisezimmer, in dessen Mitte ein großer

Tisch mit sechs Stühlen stand. Dr. Mühlbach ging, die Wünschelrute in Händen, einige Male um den Tisch herum, zuckte zusammen, drehte sich um seine eigene Achse, machte ein bedenkliches Gesicht und sagte: »Hier können Sie nicht essen.« Ich wollte ihm sagen, daß wir hier schon sehr gut gegessen haben, aber er ließ mich nicht zu Wort kommen. »Wenn Sie weiter hier essen wollen, werden Sie krank werden. Das Speisezimmer müssen Sie verlegen.« Wohin verlegt man ein Speisezimmer? Ich dachte, daß wir vielleicht das Speisezimmer in die Küche und die Küche in das Speisezimmer verlegen könnten, aber dann bliebe ja alles beim alten. Dr. Mühlbach klebte wieder rote Tixobänder auf den Fußboden. »Diese Stellen sind besonders gefährlich«, meinte er. Ich begann mich in meiner Wohnung zu fürchten. Mit einemmal erschien sie mir gar nicht mehr so gemütlich. Wir gingen in die Bibliothek. Ich sah meine Bücher bereits in der Küche und die Küche im Vorzimmer, aber hier, direkt vor einem der Bücherregale, entdeckte Dr. Mühlbach eine Stelle, die *keine* Erdstrahlen aufwies. Hierher sollten wir unseren Speisezimmertisch stellen, und zwar sofort.
Meine Frau und ich packten an, wir stellten den Tisch auf die bezeichnete Stelle, wobei mir der 11. Band des Konversationslexikons auf den Kopf fiel: Wasserader bis Wünschelrute. Ich lachte. Die Beule, die sich augenblicklich zeigte, wird morgen bereits nicht mehr zu sehen sein. Aber eine Strahlenkrankheit behält man für sein ganzes Leben. Die Beule behielt ich übrigens auch.
Nun kam das Schlafzimmer dran. Dr. Mühlbach war entsetzt. »Hier schlafen Sie?« fragte er in einem Ton, als würde er sagen: »Hier begraben Sie die Leichen der Menschen, die Sie ermordet haben?« Wir nickten schuldbewußt. »Hier müssen Sie raus!« sagte er. »Da sehen Sie — unter den Betten — lauter geballte Strahlenbündel!« Ich blickte unter die Betten — sehen konnte ich nichts. Allerdings hatte ich keine Wünschelrute. Dr. Mühlbach war bereits beim Bekleben des Fußbodens. Hier brauchte er nur vier kleine Stückchen Tixoband, weil ja das ganze

Zimmer unter dem Einfluß der Strahlen stand. »Haben Sie einen Hund oder eine Katze?« fragte Dr. Mühlbach. Katze hatten wir eine, besser gesagt einen Kater. »Hunde und Katzen lieben nämlich die Strahlungen«, erklärte uns Mühlbach. »Geben Sie Ihre Katze hierher.« Gott sei Dank hatte wenigstens die Katze einen Platz, wo sie sich aufhalten konnte. Aber wir? Was wird mit uns geschehen? Was ist der Mensch heute? Das Letzte!

Dr. Mühlbach zauberte ein herrliches Tixobandmuster auf den Schlafzimmerboden — dann gingen wir in mein Arbeitszimmer. Dr. Mühlbach ging einige Male hin und her, dann befahl er: »Hierher stellen Sie den Schreibtisch und dorthin das Telefon.« Um vom Schreibtisch zum Telefon zu kommen, mußte ich springen, aber was tut man nicht alles für die Gesundheit.

Nun hatten wir nur noch zwei Räume: das Wohnzimmer und das Bad. Das Wohnzimmer war insofern in Ordnung, daß wir die Betten hineinstellen konnten, das Bad war strahlenfrei.

Als Dr. Mühlbach gegangen war, entwarfen meine Frau und ich einen Arbeitsplan. Zu allererst mußte die Küche in das Badezimmer kommen. Dazu brauchten wir einen Installateur. »Wessely!« sagten wir gleichzeitig. Ich sprang zum Telefon und rief ihn an. Heute war Sonntag, Mittwoch wollte er mit der Arbeit beginnen. Drei Tage mußten wir also im Restaurant essen. Mittwoch warteten wir. Wir wußten nicht, daß Wessely sich für Freitag entschieden hatte. Freitag versprach er, am nächsten Montag bestimmt zu kommen. Und er kam. Mit fachmännischem Blick betrachtete er Küche und Bad, dann sagte er: »Zuerst müssen die Möbel weggerückt werden, sonst komme ich nicht zu den Leitungen.« Schüchtern deuteten wir an, wir dachten, daß vielleicht er —? Aber da kamen wir schön an. Er habe keine Leute für solche Kleinigkeiten, meinte er. Seine Leute wären an vier verschiedenen Baustellen tätig. Zerknirscht entschuldigten wir uns. »Nehmen Sie zwei Möbelpacker«, sagte er, »und verständigen Sie mich dann.« Damit ging er, wie ein bedeutender Arzt,

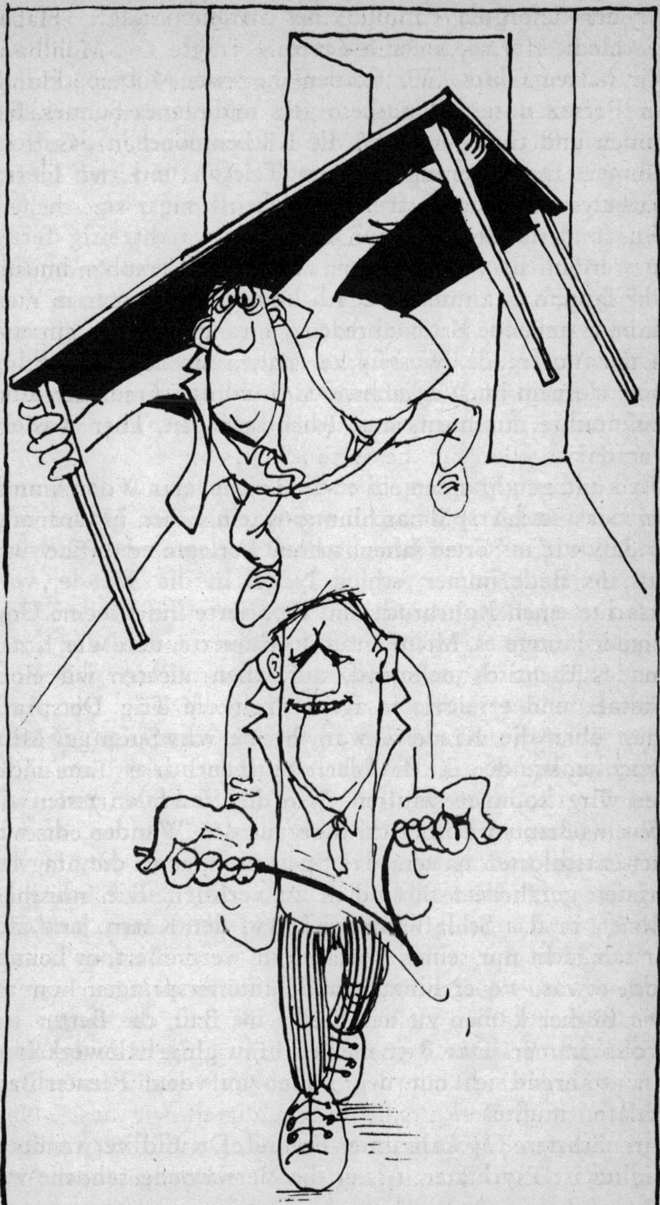

der der besorgten Familie eines Patienten sagt: »Wenn es schlechter wird, holen Sie mich.«
Wir hatten Glück. Wir fanden die zwei Möbelpacker in der Person unseres Hausbesorgers und seines Sohnes. Sie kamen und transportierten die Küchenmöbel in das Vorzimmer. Dann sprang ich zum Telefon und rief Herrn Wessely an. »Morgen früh um sieben!« sagte er.
Um fünf standen wir auf, um ja nur rechtzeitig fertig zu werden. Es wurde sieben, acht, neun, zehn — um elf Uhr läutete es an der Tür. Ich kletterte über die im Vorzimmer stehende Küchenkredenz, sprang hinunter, sprang, in der Vorfreude, Wessely zu sehen, zu kurz und schlug mir an einem im Weg stehenden Stuhl das Knie auf. Aber das machte mir nichts aus. Ich öffnete die Tür: Wessely war da!
Mit kundigen Händen riß er die Leitungen aus der Wand, bei der Geschirrspülmaschine ging ein Stück Mauer mit, so daß wir ins Freie sahen, schnell verlegte er die Leitungen ins Badezimmer, schlug Nägel in die Wände, verursachte einen Rohrbruch und reparierte ihn wieder. Und wieder läutete es. Meine Frau durchquerte, den Weg unter den Küchentisch nehmend, auf allen vieren das Vorzimmer und erreichte in Rekordzeit die Tür. Der Aufstieg über die Kredenz war ihr zu schwierig gewesen. Draußen standen die Tischler, die eigentlich erst am nächsten Tag kommen wollten. Wie die Vandalen rissen sie die eingebauten Bücherschränke aus den Wänden, da wir uns entschlossen hatten, das Speisezimmer in die am wenigsten gefährdete Bibliothek zu verlegen. Die Schränke kamen in das Schlafzimmer. Jacky, der Kater, jauchzte. Er sah nicht nur seinen Lebensraum vergrößert, er bekam auch etwas, wo er hinauf- und hinunterspringen konnte. Die Bücher kamen zu der Küche ins Bad, die Betten ins Wohnzimmer. Das Bett meiner Frau ging halbwegs hinein, während ich mit den Füßen auf dem Fensterbrett schlafen mußte.
Am nächsten Tag kam unser Freund, Dr. Eidlitz, vorüber. Eidlitz ist Psychiater. Als er die Verwüstung sah, die wir

angerichtet hatten, und erfuhr, daß das auf meinen Wunsch geschehen war, kam ich für einige Tage in die Psychiatrische Klinik. Dort habe ich Ruhe. Ich habe ein schönes, großes Zimmer, in dem ich mich ausruhen kann, und schlafe in einem breiten, bequemen Bett.

Eben schrecke ich zusammen. Bett? Ob da nicht vielleicht Erdstrahlen —?

Wenn man ein gewisses Alter erreicht hat, kennt man bereits so viele Menschen, daß einem jeder zweite bekannt vorkommt.

Der bekannte Unbekannte

Meine Frau merkt sich keine Gesichter. Wenn jemand auf uns zukommt, um uns zu begrüßen, flüstere ich ihr schnell den Namen des Betreffenden zu, und sie ist im Bilde. Nicht immer. Es kam auch schon vor, daß ich ihr im letzten Moment noch »Bolzknopf« zuraunte und sie den Näherkommenden strahlend mit »Welche Überraschung, Herr Holzkopf!« begrüßte. Aber das sind Einzelfälle.
Heute gingen wir über den Ring zum Schwarzenbergplatz, als uns ein großer, schlanker, gutaussehender Herr entgegentrat. Meine Frau warf mir einen hilfesuchenden Blick zu, aber es war zu spät. Erstens konnte ich ihr nicht mehr sagen, wer der Herr war, und zweitens wußte ich es diesmal selbst nicht.
»Guten Abend!« sagte er herzlich. »Sie erinnern sich doch? Sommer 1973.«
An den Sommer 1973 erinnerten wir uns, aber an ihn nicht.
»Wie geht es?« erkundigte er sich.
»Danke!« sagten wir beide. Damit war nichts verhackt. Nur fort! Eben wollte ich sagen, daß wir schnell weitermüßten, als meine Frau unerklärlicherweise fragte: »Wie geht es Ihrer Gattin?«
»Gattin?« fragte der Herr verwundert. »Ich bin nicht verheiratet.«
»Natürlich!« lachten wir beide ziemlich dumm. Ich wollte ihm eben gestehen, daß wir ihn gar nicht kennen, aber er ließ es nicht dazu kommen.
»Die Dame, die Sie meinen und mit der ich immer in Ihrer Gesellschaft war, war meine Freundin. Sie wissen doch: Martha.«
Nichts wußten wir. Ich kenne keine Martha, außer die von Flotow.
»Warum haben Sie das nicht gesagt?« fragte meine Frau.
»Es war mir peinlich«, antwortete der edle Fremde. »Schließlich bestand die Gesellschaft aus lauter Ehepaaren, und da war es mir unangenehm . . .«
»Unsinn!« sagte meine Frau. »Mir hätte das nichts ausgemacht.«

Bei ihm. Wenn *ich* eine Freundin hätte, würde es ihr sicher etwas ausmachen. Aber wer war der Mann? Unwichtig.
»Sie entschuldigen«, sagte ich. »Wir müssen weiter.«
Im selben Moment wechselte die Verkehrsampel auf Rot. Wir waren gefangen.
»Wie geht es Martha?« fragte meine Frau, das Schicksal herausfordernd.
»Ich weiß es nicht«, sagte der schöne Unbekannte. »Sie ist zu ihrem Mann zurückgekehrt.«
Martha, Martha, du entschwandest. Aber mit wem reden wir da?
»Sie wissen doch«, setzte er eben fort, »der Generaldirektor, der einmal unten aufgetaucht ist.«
Welcher Generaldirektor? Wo unten?
»Ja, ja, der Dicke!« sagte meine Frau, als ob sie es wüßte. Vielleicht weiß sie es? Aber nein. Denn der Fremde sagte verwundert: »Dick? Marthas Mann ist eher dünn.«
Schuld der Massenmedien. Oder haben Sie auf der Bühne, im Fernsehen oder Film jemals einen dünnen Generaldirektor gesehen? Dünn sind die Buchhalter, Mörder und Detektive. Aber ich mußte meiner Frau aus der Patsche helfen.
»Du meinst den andern«, sagte ich schnell.
»Welchen andern?« fragte sie naiv, als ob sie nicht wüßte, was sie mir mit dieser Frage antat. Aber ich gab nicht auf.
»Den Dicken«, sagte ich, mit offenen Augen ins Unglück rennend. »Den Dicken, der immer *dort* war, wo *wir* waren, *wenn* wir wo waren.« Ich sprach bereits wie Nostradamus, wenn er sich mit dem Orakel zu Delphi unterhielt.
»Sie meinen Ottenschlag«, kam mir der Herr zu Hilfe.
»Sehr richtig!« sagte ich erleichtert. »Ottenschlag! Der Name lag mir auf der Zunge.« Wer ist Ottenschlag?
»Sie wissen doch, was er angestellt hat?«
»Ottenschlag? Nein.«

»Er hat als Sekretär von Marthas Gatten drei Millionen an Firmengeldern unterschlagen und ist durchgegangen.«
Die Nachricht traf mich wie ein Peitschenhieb. »Der gute, alte Ottenschlag?« stammelte ich. Wer war Ottenschlag? Wer war der Mann, mit dem wir sprachen?
»Übrigens«, fiel ihm ein, »habe ich gestern Stransky getroffen. Sie erinnern sich doch? Der beim Strandfest ins Wasser fiel.«
»Haha!« lachte ich. Bei welchem Strandfest? In welches Wasser?
»Du kennst ihn?« fragte meine Frau, die anscheinend dachte, daß ich wüßte, wer unser Gesprächspartner war.
»Natürlich!« war ich gezwungen, zu antworten. »Du doch auch. Wir waren doch einmal zu dritt bei dem Dings — na, wie heißt er nur . . .«
»Wintersteiner«, sprang mir der Herr bei. »Sonst gibt es ja in dem Nest nichts!«
»Stimmt!« sagte ich. »Bei Wintersteiner, in der Konditorei.«
»Wintersteiner ist ein Weinlokal«, meinte der Herr.
»Ich weiß es«, sagte ich überlegen. »Ich wollte eben sagen: In der Konditorei waren wir *nicht,* also muß es das Weinlokal gewesen sein. Wintersteiner hat nämlich auch eine Konditorei.«
»Wo?« fragte der Herr interessiert.
»Dort unten!« sagte ich. »Wo Stransky ins Wasser fiel.«
»Dort gibt es zwei Konditoreien. Welche davon gehört Winterstein?«
»Beide«, behauptete ich.
Der Fremde war plötzlich erregt. »Na warte!« sagte er grimmig. »Meine Firma hat ihm einen Kredit von 240 000 Schilling auf den Holzplatz gegeben, und er behauptet, zahlungsunfähig zu sein.«
»Ist er ja auch«, meinte ich.
»Wieso? Die Konditoreien sind doch Goldgruben.«
»Die eine«, sagte ich. »Die andere nicht. Was er in der einen verdient, muß er in die andere hineinstecken.«
»Und das Schwimmbad? Und die Sauna?« Der Herr

wurde wütend. »Beides höchst lukrativ. Wir werden Wintersteiner auf Rückzahlung des Kredits klagen. Noch dazu, wo er uns verschwiegen hat, daß die Konditoreien ihm gehören.«
Armer Wintersteiner! Ich habe es nicht gewollt. Wenn ich wüßte, mit wem ich da spreche, könnte ich vielleicht ein gutes Wort für Wintersteiner einlegen. Aber ich wußte es nicht.
»Ich habe vielleicht noch eine Neuigkeit für Sie«, begann der Herr wieder. Seine Erregung hatte sich gelegt. »Evelyn hat sich verlobt.«
»Nein!!« Meine Frau war überrascht. Wer war Evelyn?
»Mit wem?« fragte sie.
»Mit dem kleinen Konsul, mit dem sie immer Tennis gespielt hat.«
»Mit dem?« lachte meine Frau. »Das hätte ich nicht gedacht.«
Ich auch nicht. Ich hätte Evelyn einen besseren Geschmack zugetraut. Das heißt, welcher Evelyn? Mit welchem Konsul hatte sie sich verlobt?
»Im Juli soll schon die Hochzeit sein«, hörte ich unseren Unbekannten sagen. »Sie werden doch kommen?«
»Wenn Evelyn uns einlädt?« meinte meine Frau.
»Na hören Sie?!« zerstreute der Herr unsere Bedenken. »Sie wird sich glücklich schätzen, so prominente Hochzeitsgäste zu haben. Aber dort kommt mein Wagen. Sie entschuldigen mich. Auf Wiedersehen!«
»Auf Wiedersehen!« sagten auch wir und drückten ihm die Hand. Dann gingen wir weiter.
»Wer war der Mann?« fragte ich meine Frau.
»Das fragst du *mich*?« staunte sie. »Das weißt doch *du* immer.«
»Ich habe keine Ahnung!« mußte ich zugeben.
Wir wußten, daß Martha, seine Freundin, zu ihrem Mann, dem Generaldirektor, zurückgekehrt war, daß Ottenschlag drei Millionen gestohlen hat, daß Stransky bei einem Strandfest ins Wasser gefallen war, daß Wintersteiner 240 000 Schilling auf seinen Holzplatz aufgenom-

men hat, daß Evelyn im Juli den kleinen Konsul heiraten wird — nur wer der Mann war, von dem wir das alles erfahren hatten, wußten wir nicht.
Plötzlich rief eine Stimme hinter uns: »Herr Doktor!«
Wir drehten uns um — es war der Unbekannte.
»Ich vergaß, Sie etwas zu fragen«, sagte er. »Es handelt sich um meine Mutter. Ich möchte sie gerne einmal durchuntersuchen lassen. Dürfte ich Sie fragen, wann Sie ordinieren?«
»Nach telefonischer Übereinkunft«, sagte ich.
»Danke. Auf Wiedersehen, Herr Primarius!«
»Auf Wiedersehen!«

Nun hatten wir eine Befriedigung: wir wußten wenigstens, wer *wir* waren.

»Ich brauche dich! Mit dir könnte ich wandern bis ans Ende der Welt! Ohne zu leiden, ohne zu klagen!«

(Inschrift auf einem alt-römischen Hühneraugenpflaster)

Hamburg ist ein schönes Städtchen

Ich saß im Kaffeehaus. Ich sitze öfters im Kaffeehaus. Im Kaffeehaus habe ich die besten Gedanken. Ich erzählte das neulich meinem Verleger, worauf er sagte: »Sie scheinen schon lange nicht mehr im Kaffeehaus gewesen zu sein.«
Jetzt war ich also da. Links von mir, in einer Loge, saßen ein junger Mann und ein junges Mädchen. Die Kleine machte ihm heftige Vorwürfe. Mit Recht. Sie hatte ihn bei einer Untreue ertappt. Der junge Mann war — ich schreibe nur ungern ein solches Wort, aber ich wüßte kein besseres —, der junge Mann war zerknirscht.
Ich hörte ja nur Gesprächsfetzen: »Party bei Heinz... zuviel Whisky ... Emmy nach Hause gebracht ... Ich schwöre, ich wollte dir treu sein!«
So ist das Leben, dachte ich. Die Jungen wollen treu sein und können es nicht — die Alten wollen untreu sein und können es auch nicht.
Schon ein Gedanke, dachte ich. Ich brauche nur ins Kaffeehaus zu gehen.
Plötzlich hörte ich jemanden lallen: »Noch einen doppelten Kognak!«
»Das ist schon der vierte«, gab der Ober zu bedenken.
»Macht nichts«, lallte der Betrunkene, denn betrunken war er, das hörte man an der Stimme, »noch einen doppelten Kognak!«
»Bitte, Herr Pfandl!« Der Ober entfernte sich.
Pfandl? Ich erschrak. Das wird doch nicht mein Freund Robert Pfandl sein?
Ich stand auf und ging auf den Mann zu. Er war es.
»Robert!« sagte ich fassungslos.
Langsam hob er den Kopf, sah mich eine Weile an, dann sagte er: »*Du* bist es?«
»Ja«, sagte ich. »Darf ich mich zu dir setzen?«
»Wenn du willst.«
Ich setzte mich zu ihm. Er sah grausig aus. Unrasiert, müde, tiefe Ringe unter den Augen.
Teilnahmsvoll fragte ich: »Was ist denn geschehen, Robert? Hattest du Ärger mit deiner Frau?«

Robert lächelte bitter. »Wenn es nur das wäre«, sagte er. »Aber es ist schlimmer.«
»Vielleicht ein Krankheitsfall?« wollte ich wissen.
»Schlimmer.«
»Ein Todesfall?«
Er schüttelte den Kopf. »Schlimmer«, sagte er.
Schlimmer? Was kann schlimmer sein als ein Todesfall?
»Sag mir doch, was du hast!« bat ich ihn.
»Wozu? Du würdest ja doch nur lachen, wenn ich es dir erzählte.«
»Wofür hältst du mich? Ich lache bestimmt nicht.«
»Schwöre!«
Ich schwor.
»Es war vor 21 Jahren«, begann er.
Ich sah auf die Uhr. Ob ich so lange Zeit haben werde?
»Ich war damals in Hamburg.«
»Schöne Stadt«, sagte ich, nur um etwas zu sagen.
»Sehr schöne Stadt«, sagte er mehr zu sich selbst als zu mir. »Ich lernte ein Mädel kennen ... auch sehr schön ...«
Jetzt verstand ich.
»Du hast sie nach 21 Jahren wiedergesehen, und da sind die alten Gefühle in dir wach geworden.«
»Blödsinn!« knurrte er. »Nichts ist wach geworden.« Der Ober brachte den Kognak. Robert stürzte ihn hinunter und sagte, diesmal schon sehr undeutlich: »Noch einen doppelten Kognak.« Dann fuhr er in seiner Erzählung fort: »Sie bekam ein Kind von mir ... einen Jungen ... ich konnte sie nicht heiraten ...«
»Warum nicht?«
»Meine Frau war dagegen. Aber das verstehst du ja nicht.«
»Ich verstehe es, Robert«, versicherte ich ihm. »Meine Frau wäre in einem solchen Fall auch dagegen. Erzähle weiter.«
»Weiter ... was weiter? Das Mädel ging zu Gericht und verklagte mich auf Zahlung von Alimenten. Bis zum 20. Lebensjahr meines Sohnes hatte ich einen gewissen Betrag zu bezahlen, je nach meinem Einkommen und der

Indexziffer. Begonnen hat es mit 500 Mark im Monat ... dann wurden es tausend ... dann zweitausend ... im letzten Jahr waren es schon dreitausend ...«

»Und? Weiter?«

»Du hast mir versprochen, daß du nicht lachen wirst«, erinnerte er mich.

»Ich werde nicht lachen. Du hast doch meinen Schwur.«

»Vorgestern hatte der Junge seinen 20. Geburtstag. Er kam zu mir, um die Alimente zu kassieren, und ich sagte: ›Das ist das letzte Geld, das du von mir bekommst. Sag das deiner Mutter und schau dir das Gesicht an, das sie dabei macht.‹«

»Und? Was sagte er?«

»Er sagte: ›Danke, Vater. Die Mutter hat gesagt, sie weiß, daß es das letzte Geld ist. Ich soll dir sagen, daß du gar nicht mein Vater bist, und soll mir das Gesicht anschauen, das *du* dabei machst!‹«

Ich habe einen Schwur gebrochen: Ich mußte lachen.

Manche Konversation könnte durch den öfteren Gebrauch von vier einfachen Wörtern um vieles verbessert werden. Sie lauten: »Ich weiß es nicht!« (André Maurois)

Wie ein Krieg entsteht

»Wir sind Pinagls noch eine Einladung schuldig. Du weißt, von den letzten Weihnachten her«, erinnerte mich meine Frau.
Ich hatte sehr viel zu tun und war strikte dagegen — also wurden sie eingeladen. Aber kurzfristig. Darauf bestand ich. Bei kurzfristigen Einladungen hat man immerhin noch die Chance, daß die Gäste bedauern. Bereits vergeben, ein andermal usw.
Aber Pinagls bedauerten nicht. Sie waren nicht vergeben, und es gab kein andermal. Sie kamen. Mit Sohn Paul, acht. Tochter Susi, sechs, hatten sie zu Hause gelassen.
Wir sprachen von diesem und jenem, ich erfuhr, daß Herr Bruck mit seiner Freundin gebrochen hat, daß Frau Oberstädter eine neue Perücke besitzt, daß die Reinholds sich gar nicht leisten können, so zu leben, wie sie leben, daß die Kahns einen neuen Wagen gekauft haben und die Brunners ein altes Weekendhaus, daß Frau Meisl nicht weiß, wie man eine Zwiebelsuppe kocht, daß Dr. Eidlitz ein glänzender Psychiater ist, daß Weißhappel die Tochter seines Geschäftspartners heiraten wird, daß Pelzers in Scheidung sind, weil Frau Pelzer nicht, wie sie angab, mit ihrem Rheuma in Gastein, sondern mit ihrem Freund auf den Bahamas war, daß die Waldners am Samstag eine gebratene Ente hatten, während Pinagl jedes Paar Schuhe, das er sich kauft, auf der linken Seite drücken, daß Frau Rödinger eine unsympathische Person ist und Herr Sommer Elefanten sammelt — kurz, ein Thema jagte das andere, bis wir, wie das heute so üblich ist, bei der Politik landeten.
Zuerst schimpften wir auf die eigenen Politiker, dann auf die andern, wir sprachen von Revolutionen, Terrorismus und Kriegen, bis Paul, acht, der bis jetzt geschwiegen hatte, plötzlich fragte: »Wie entsteht eigentlich ein Krieg, Papi?«
Papi, alias Pinagl, sagte: »Das werde ich dir erklären, mein Kind. Nimm zum Beispiel an, Schweden und Dänemark hätten eine Meinungsverschiedenheit. Da würden — —«

»Du erklärst ihm das schlecht«, unterbrach Frau Pinagl ihren Gatten. »Warum sollten Schweden und Dänemark eine Meinungsverschiedenheit haben?«
»Ich sage ja nicht, daß sie eine haben sollen, ich sage ja nur, daß Paul das annehmen soll.«
»Damit machst du aber das Kind dumm«, meinte Frau Pinagl.
»Da hat Ihre Gattin recht«, mischte sich nun meine Frau ins Gespräch. »Damit machen Sie das Kind dumm.«
»Was meinen *Sie?*« wandte Pinagl sich an mich.
Pinagls waren meine Gäste, ich mußte also diplomatisch sein. Anstatt Pinagl zu sagen, daß ich ihn für einen Trottel halte, antwortete ich: »Ich finde, Sie sollten andere Staaten wählen.«
»Die Staaten sind doch in diesem Fall gleich«, meinte Pinagl, etwas gereizt. »Ich will doch dem Jungen nur den Krieg erklären.«
»Wie kannst du ihm den Krieg erklären?« fragte Frau Pinagl, ebenfalls gereizt. »Bist du eine Großmacht?«
»Regen Sie sich doch nicht auf, gnädige Frau«, beruhigte ich Frau Pinagl. »Ihr Mann will dem Kind nicht den Krieg erklären. Er will ihm nur erklären, wie ein Krieg entsteht.«
»So ist es!« sagte Pinagl und warf seiner Frau einen wütenden Blick zu. Dann wandte er sich wieder an das Kind: »Nimm an, ich wäre der Präsident von Frankreich.«
»Du?« lachte seine Frau kurz und schrill. »Du kannst doch nicht einmal Französisch!«
»Das ist doch nicht wichtig!« sagte Pinagl, jedes Wort akzentuierend.
»Nicht wichtig?« lachte seine Frau wieder. »Für einen Präsidenten von Frankreich ist es nicht wichtig, daß er Französisch kann!«
»Da hat Ihre Frau schon recht«, meinte mein Sonnenschein. »Ein Präsident von Frankreich muß Französisch können.«
»Du misch dich nicht drein«, bat ich.

»Warum nicht?« meinte meine Frau hitzig. »Weil ich behaupte, daß der Präsident von Frankreich Französisch können muß?«

Sie verbündete sich ganz offensichtlich mit Frau Pinagl. Da mußte ich vorsichtig sein.

»Herr Pinagl kann ja einen anderen Staat wählen. Nimm an«, wandte ich mich an Paul, »dein Papi wäre der englische Ministerpräsident.«

»Englisch kann er doch auch nicht«, sagte Frau Pinagl verächtlich.

»Jetzt hör schon mit den Sprachen auf!« Herr Pinagl schlug mit der Faust auf unseren Gugelhupf, der bereits auf dem Tisch stand. Dann schrie er den Jungen an: »Nimm an, ich wäre der Präsident der Schweiz, und die Schweiz hätte eine Meinungsverschiedenheit mit Deutschland.«

»Ausgerechnet die Schweiz!« meinte Frau Pinagl höhnisch. »Ein Land, das immer neutral ist.«

»Deshalb kann es doch eine Meinungsverschiedenheit mit Deutschland haben!« schrie Pinagl wieder. »In einem solchen Fall«, wandte er sich an den Jungen, »würde der Schweizer Botschafter in Bonn zu dem deutschen Bundeskanzler gehen und würde ihm eine Note überreichen.«

»Was für eine Note?« fragte das Kind. »Do, re, mi, fa, sol, la, si, do?«

»Keine musikalische Note! Eine diplomatische Note!« schrie Pinagl.

»Was ist das, eine diplomatische Note?« fragte Paul wieder.

»Eine diplomatische Note ist . . . eine diplomatische Note ist . . .« Pinagl stotterte herum, wandte sich an seine Frau und sagte höhnisch: »Erkläre doch *du* deinem Sohn, was eine diplomatische Note ist.«

»Erstens ist er nicht nur *mein* Sohn, sondern auch *dein* Sohn!« gab Frau Pinagl zurück. »Und wenn du ihm den Krieg erklärst, dann erkläre ihm auch, was eine diplomatische Note ist.«

»Eine diplomatische Note«, warf ich ein, »ist eine schrift-

liche Mitteilung, die die Regierung des einen Staates der Regierung des anderen Staates macht. In diesem Fall die Regierung der Schweizer Eidgenossenschaft der Regierung der deutschen Bundesrepublik.« Stolz ließ ich meinen Blick über die Runde schweifen, um zu sehen, welchen Eindruck es machte, daß ich den vollen Namen der beiden Nationen wußte. Dann setzte ich fort: »Um es faßlicher zu machen, der deutsche Bundeskanzler würde eine Note von deinem Vater bekommen, der ja der Präsident der Schweizer Eidgenossenschaft ist.«
»Mein Papi ist der Präsident der Schweizer Eidgenossenschaft?« fragte Paul verwundert.
»Nein!« schrie seine Mutter. »Und Sie«, wandte sie sich an mich, »sollten dem Kind nicht solche Flausen in den Kopf setzen. Der Bub ist imstande und erzählt morgen in der Schule, daß sein Vater der Schweizer Bundespräsident ist!«
»Wenn Ihr Sohn so naiv ist ...«, sagte ich.
»Naiv? Hast du gehört, Richard?« fragte sie ihren Mann. Und dann zu mir: »Sagen Sie gleich, daß wir einen verblödeten Sohn haben!«
»Das habe ich nicht behauptet ...«, sagte ich, nun auch etwas lauter.
»Du hättest es aber behaupten sollen!« schrie nun auch meine Frau. »Wenn ein Kind heute nicht weiß, wie ein Krieg entsteht, dann ist es bestimmt nicht gescheit!«
»Wollen Sie damit sagen, daß unser Paul dumm ist?«
»Ja, das will ich sagen!«
»Und ich auch!« sekundierte ich meiner Frau.
Frau Pinagl erhob sich. »Kommt, wir gehen! Es tut uns leid, daß wir gekommen sind!«
»Und uns tut es leid, daß wir Sie eingeladen haben!«
Frau Pinagl war ganz Würde. »Paul, vergiß deine Handschuhe nicht! Richard, dein Hut!«
Sie rauschten zur Tür hinaus.

Während sie im Lift hinunterfuhren, dürfte Paul sich gedacht haben: »Jetzt weiß ich, wie ein Krieg entsteht!«

Um einen Freund zu finden, muß man ein Auge zudrücken — um ihn zu behalten, zwei.

»Wenn Sie nicht binnen ...«

Bamberger war mein Freund. So lange, bis ich ihm zweitausend Schilling borgte. Das war an einem Montag. »Am Mittwoch hast du sie zurück«, sagte er. Er sagte nicht, an was für einem Mittwoch. Es verging *ein* Mittwoch, es verging der zweite Mittwoch, der dritte, der vierte, der fünfte, der achte, der zwölfte, der vierundzwanzigste, der achtundvierzigste, der vierundachtzigste, der hundertvierte.

Gestern waren es zwei Jahre. Ich feierte sie durch eine Trauerminute. Was mich an Bamberger am meisten ärgerte, war, daß er aufgehört hatte, mein Freund zu sein. Auf der Straße wich er mir aus, er kam nicht ans Telefon, wenn ich ihn anrief, er mied unser Stammcafé, in dem wir täglich eine Partie Schach zu spielen pflegten — er war mir böse.

Heute hatte ich endlich genug. »Ich werde ihm einen Brief schreiben«, sagte ich zu meiner Frau, »und zwar einen geharnischten.«

Da sie ganz meiner Meinung war, setzte ich mich hin und schrieb:

»Herr Bamberger! Wie Sie wissen, schulden Sie mir seit zwei Jahren —« Ich hörte auf. Es war vielleicht doch zu hart. Ich zerriß den Bogen und begann noch einmal:

»Geehrter Herr Bamberger!« Auch schlecht. Neuer Bogen:

»Sehr geehrter Herr Bamberger! Wie Sie wissen, schulden Sie mir seit zwei Jahren —« So ging es auch nicht. Schließlich waren wir einmal Freunde. Noch einmal:

»Lieber Bamberger! Wie Du weißt —« Das ist ein kompletter Unsinn. Wenn ich weiß, daß er es weiß, wozu schreibe ich ihm dann? Ich versuchte es anders:

»Lieber Freund! Es dürfte Dir entgangen sein —« Nein. Ich werde ein kleines, aber versöhnliches »vielleicht« hineinflicken. Ich flickte falsch. Jetzt hieß es:

»Lieber Freund! Es dürfte Dir entgangen vielleicht sein«, anstatt: »Es dürfte Dir vielleicht entgangen sein.« Noch besser wäre übrigens »sicher« statt »vielleicht«. Ich schrieb also:

»Lieber Freund! Es ist Dir sicher entgangen —« Der

»Liebe Freund« störte mich. Ich versuchte es mit »Lieber Freund Rudi!«, mit »Mein lieber Freund Rudi!« und entschied mich dann endgültig für »Lieber Rudi!« Jetzt hatte ich es:

»Lieber Rudi! Es ist Dir sicher entgangen« — so war es richtig —, »daß Du mir seit zwei Jahren zweitausend Schilling schuldest.«

Fertig. Damit hatte ich alles gesagt. Jetzt stiegen Zweifel in mir auf. Durfte ich einem Freund einen solchen Brief schreiben, eines Betrages wegen, den er vielleicht bitter nötig hatte? Nein! Bilder der Kindheit und der ersten Jugend stiegen in mir auf. Auf Bamberger konnte ich immer zählen. Schon in der Schule schrieb er meine Schularbeiten ab. Als er versehentlich mit einem Stein eine Schaufensterscheibe einschlug, nahm ich die Schuld auf mich. Das erste Mädchen, das ich in glühender Liebe verehrte, machte er mir abspenstig. Ich hatte Tränen der Rührung in den Augen, als ich an all das dachte. Einem solchen Freund schreibt man nicht auf diese Weise.

»Lieber Rudi!« schrieb ich. »Was habe ich Dir getan, daß Du Dich nicht mehr blicken läßt? Warum kommst Du nicht ans Telefon, wenn ich Dich anrufe? Warum zeigst Du Dich nicht mehr im Kaffeehaus? Warum spielst Du nicht mehr Schach mit mir? Bitte, bitte, besuche uns — aber bald. In alter, unverbrüchlicher Freundschaft Dein Hugo.«

Meine Frau kam ins Zimmer. »Hast Du den Mahnbrief geschrieben?« fragte sie.

»Ja«, antwortete ich und steckte das Schreiben verschämt in einen Umschlag.

Am Montag kam er dann, der Rudi. Wir plauderten wie in alten Zeiten, wir spielten eine Partie Schach, und als wir uns verabschiedeten, fragte er herzlich:

»Kannst du mir zweitausend Schilling borgen? Am Mittwoch hast du sie zurück.«

Er sagte nicht, an was für einem Mittwoch.

Ältere Männer, die mit der Mode gehen, wirken jünger.

(Cissy Kraner)

Ältere Männer, die mit der Mode gehen, wirken lächerlich.

(Hugo Wiener)

Der Attaché

Erinnern Sie sich noch an die guten, alten Aktentaschen? Hatten Sie eine solche? Ich erinnere mich auch noch daran, ich hatte auch eine. Plötzlich wurden die sogenannten »Attachékoffer« modern — schmal, formschön und tragfreundlich —, die einem immer das Gefühl des Verreisens geben. Sie invadierten die westliche Welt und verurteilten die armen Aktentaschen zum Aussterben.
Eines Tages sagte meine Frau zu mir: »Ich verstehe nicht, daß du noch immer mit der alten Aktentasche herumläufst. Schau dir die andern Herren an: Herrn Müller, Herrn Papanek, Herrn Riebeisel, Herrn Wittmann. Alle tragen bereits Attachékoffer. Wenn man, wie du, in der Öffentlichkeit steht, muß man mit der Mode gehen!«
Da ich selbst keine Anstalten traf, mit der Mode zu gehen, schenkte meine Frau mir zu meinem nächsten Geburtstag einen Attachékoffer. Ich hatte Tränen in den Augen.
»Nanu?« wunderte sich meine Frau. »Du weinst ja?«
»Ja«, gab ich zu, »weil ich gerührt bin, daß du meinen sehnlichsten Wunsch erraten hast.« Um ehrlich zu sein, ich weinte, weil ich meine geliebte Aktentasche nun für immer in den Schrank legen mußte. Das heißt, nicht sofort. Am Anfang versuchte ich Zerstreutheit vorzutäuschen und statt des Koffers die Tasche zu nehmen. Aber meine Frau kam bald dahinter.
»Ich glaube, du *willst* den Koffer nicht tragen«, sagte sie. »Andere Männer wären froh, wenn sie einen Attachékoffer hätten!«
Sie erinnerte mich an meine Mutter, die, wenn ich mich weigerte, Spinat zu essen, zu sagen pflegte: »In Afrika gibt es Kinder, die froh wären, wenn sie Spinat zu essen hätten!« Ich glaube, ich hätte auch in Afrika keinen Spinat gegessen.
Aber zurück zum Koffer. Da mein Trick, den Zerstreuten zu spielen, aufgedeckt worden war, nahm ich am nächsten Tag den Attachékoffer. Ich fand ihn gar nicht so unpraktisch. Sein elegantes Aussehen konnte ich ihm auch nicht absprechen. Um elf Uhr hatte ich meinem Verleger ein fertiges Manuskript abzuliefern. Ich gab es also in den

Attachékoffer, verabschiedete mich von meiner Frau, die mich ganz stolz ansah, und ging fort.

Auf der Straße bildete ich mir ein, daß alle Leute nur meinen Koffer anstarrten, wodurch ich das Gefühl bekam, daß mein rechter Arm, in dem ich ihn trug, um ein ganzes Stück länger geworden war.

In meiner Hast, den Blicken aller jener, die noch keinen Attachékoffer besaßen, zu entgehen, kam ich um eine halbe Stunde zu früh zum Verlag. Ich ging also noch in ein Kaffeehaus, hängte Mantel und Hut auf den Garderobenständer, stellte meinen Attachékoffer dazu, trank einen Tee, las ein paar Zeitungen, bezahlte und ging in den Verlag.

Schon die Prokuristin sagte: »Ah, der elegante Koffer!«, und auch dem Dramaturgen und dem Verleger fiel er sofort auf. Ich muß gestehen, der Koffer hob mein Selbstbewußtsein.

»Bringen Sie das Manuskript?« erkundigte sich der Verleger.

»Ja«, antwortete ich stolz. »Laut Vertrag, genau auf den Tag.«

Ich öffnete meinen Koffer und fand einen Herrenpyjama, eine Zahnbürste und einen elektrischen Rasierapparat. Jemand mußte meinen Koffer vertauscht haben. Kein Wunder, wenn alle die gleichen Koffer tragen.

Aufgeregt stürzte ich die Treppe hinunter, hörte noch, wie mir der Verleger etwas von »Vertragsbruch, wenn nicht binnen acht Tagen usw.« nachrief, und eilte in das Kaffeehaus, das ich kurz vorher verlassen hatte. Dort konnte man mir nur sagen, was ich bereits wußte: Der Koffer war vertauscht worden. Trost: Da das Kaffeehaus gegenüber dem Südbahnhof lag, war anzunehmen, daß ihn ein Reisender mitgenommen habe.

Unglücklich kam ich nach Hause und erzählte meiner Frau die Geschichte von dem Koffer und dem verlorenen Manuskript.

»Von dem Manuskript hast du dir einen Durchschlag gemacht«, tröstete sie mich. »Das weiß ich genau.«

Ich wußte es auch, aber der Durchschlag lag auch in dem Koffer. Ich beschloß, ein paar Stunden zu warten und dann in dem Kaffeehaus nachzufragen, ob nicht vielleicht doch jemand meinen Koffer zurückgebracht habe. Ich ging. Unterwegs fiel mir ein, daß ich einen Brief zur Post bringen mußte. Ich ging zum Schalter, kaufte die Briefmarken, stellte den Koffer neben mich hin, klebte die Marken auf den Umschlag, bezahlte, nahm den Koffer, warf den Brief in den Kasten und setzte meinen Weg fort. Nach ein paar Schritten fiel mir ein polterndes Geräusch auf, das aus dem Koffer kam. Ich trat in einen Hausflur, öffnete den Attaché — was fand ich? Die Musterkollektion eines Vertreters von Kämmen und Bürsten. Was nun? Wenn sich der Besitzer des Koffers, in dem der Pyjama war, gemeldet hatte, konnte ich ihm doch nicht die Bürsten dafür geben. Ich war ratlos. Ich mußte überlegen. Ich werde einen neuen Pyjama, eine neue Zahnbürste und einen neuen elektrischen Rasierapparat kaufen. Ich hatte zuwenig Geld bei mir, ich mußte zur Bank.

Ich nahm ein Taxi und rief dem Chauffeur zu: »Schnell zur Creditanstalt, Rilkeplatz! Lassen Sie den Motor laufen, ich komme sofort zurück!«

Ich stürzte in das Banklokal, legte den Koffer auf das Pult, unterschrieb einen Beleg, wartete ein paar Minuten, bekam das Geld und lief auf die Straße. Dort erwartete mich die Polizei. Der Taxifahrer hatte mich für einen Bankräuber gehalten. Meine Worte: »Lassen Sie den Motor laufen, ich komme sofort zurück!« waren ihm verdächtig vorgekommen. Ich mußte den Polizisten zum Kommissariat folgen. Dort konnte ich mich ausweisen, ich erzählte den versammelten Herren die Geschichte von dem Koffer, von dem elektrischen Rasierapparat, von den Kämmen und den Bürsten. Die Herren lachten, daß ihnen die Tränen über die harten Polizistenbacken liefen, während des Erzählens öffnete ich den Koffer und fand zwei Salamibrote und eine Blendlaterne. Der Koffer war mir auf der Bank vertauscht worden, anscheinend von einem

Nachtwächter, der eben auf dem Weg zum Arbeitsplatz war. Jetzt glaubte ich bereits an Zauberei.
Verstört kam ich nach Hause, meine Nerven waren am Ende. Meine Frau, erschrocken über meinen Zustand, meinte: »Du mußt die Geschichte vergessen. Fahr ein paar Tage irgendwohin, wo es nicht viele Menschen gibt, wo du Ruhe hast, du wirst sehen, es wird dir bald besser gehen. Dann kannst du auch das Manuskript noch einmal schreiben.«
Ich fuhr nach Monteverde, einem kleinen Fischerdorf in Spanien, in dem es nur Ruhe gab. Ruhe von der feinsten Qualität. Meine Frau hatte mir eine kleine Reisetasche mitgegeben und natürlich den Attachékoffer des Nachtwächters, mit Schreibblock, Kugelschreiber, Kohlepapier usw., für den Fall, daß ich bereits in Monteverde mit dem Schreiben des Manuskripts beginnen wollte.
Am ersten Tag genoß ich die Ruhe. Am zweiten Tag war mir die Ruhe zu ruhig, und am dritten Tag rannte ich mit dem Kopf gegen die Wand. Aber das brachte mich nicht weiter. Ich versuchte im Schatten einer Pinie mein Manuskript zu schreiben. Leider saß auf dieser Pinie ein Vogel, der schon nach den ersten Sätzen, die ich geschrieben hatte, seine Meinung von sich gab, weshalb ich das Papier wegwerfen mußte. Ich wanderte zum Telegrafenamt, um meiner Frau zu depeschieren, wie gut es mir hier gehe. Ich stellte den Koffer neben mich hin, füllte das Telegrammformular aus, gab es dem Beamten, bezahlte, nahm den Koffer und ging in das Hotel zurück.
Mutlos ließ ich mich in einen Stuhl fallen. Ich konnte nicht mehr, der Koffer hatte mein Leben zerstört. Wütend schleuderte ich ihn gegen die Wand, da öffnete sich das Schloß — und was fiel heraus? Hier — im tiefsten Spanien? Das Manuskript meines Buches, das ich in Wien, in einem Kaffeehaus, verloren hatte. Ich hatte meinen Koffer wiedergefunden.
Ich kam nach Hause — ein glücklicher Mensch.

Ab morgen trage ich wieder meine Aktentasche.

Die Seele einer jeden Bühnenaufführung ist der Regisseur. Manchmal bedauert man, daß die Seele unsterblich ist.

(Hugo Wiener)

Die lästige Witwe

Ich habe ein Operettenlibretto bearbeitet. Die »Lustige Witwe«. Ich habe die drei Akte in Bilder aufgelöst, habe den Dialog ein bißchen entstaubt — das war eigentlich alles.
Meine Frau meinte: »Du solltest einmal zu einer Probe gehen.«
Ich kam nicht dazu. Erst zur Generalprobe ging ich hin.
Vor allem machte man mich mit dem Regisseur bekannt: Dr. Berthold Minsky, einem progressiven jungen Mann mit Bart, wirrem Haar und ebensolchen Ideen. Aber das zeigte sich erst später. Ich hatte die Ehre, während der Generalprobe an seiner Seite sitzen zu dürfen.
Ich freute mich bereits auf die ersten Takte der Lehár-Ouvertüre: Titatita didldadi, titatita didldadi sowie auf das festliche Treiben in den Salons der pontevedrinischen Gesandtschaft in Paris.
Der Vorhang hob sich. Keine Ouvertüre, kein didldadi, keine Gesandtschaft. Auf einer dunklen, schwarzausgelegten Bühne saß ein alter Mann, dessen Vollbart durch die Tischplatte zu wachsen schien. Ich sah mich um — ich war doch im richtigen Theater? Ja. Leise fragte ich den Regisseur: »Wer ist der Herr?« Drauf Dr. Minsky: »Das ist Danilo. Ich habe den Anfang ein bißchen geändert, origineller gemacht, Sie verstehen?« Ich verstand nicht, aber wenn er es sagte! »Und Lehár?« wagte ich zu fragen. »Kommt!« tröstete er mich. Zunächst kam er allerdings nicht. Zunächst kam eine alte Dame. »Wer ist *das?«* fragte ich. »Hanna Glawari, die lustige Witwe«, flüsterte Dr. Minsky. »Die beiden erzählen einander die Geschichte ihrer Liebe.« Wozu? fragte ich mich. Die Geschichte ihrer Liebe müssen sie doch kennen. Wenn sie diese Geschichte wenigstens einem andern erzählen würden. Der Dialog der beiden ging in ein allgemeines »Erinnerst du dich?« über. »Erinnerst du dich«, fragte Hanna, »an unsere Jugend?« — »Ja«, zitterte Danilo mit brüchiger Stimme, »als ich noch allabendlich zu Maxim ging.«
Titatita didldadi, titatita didldadi! Ich atmete auf, die Ouvertüre begann. Allerdings nicht als Musikstück, wie

sie von Lehár geschrieben worden war, sondern als Ballett. Wir waren im Maxim. Ein Zwischenvorhang fiel, der die Aufschrift »Maxim« trug. Wir waren auf der Straße. Danilo, jetzt jung und strahlend, fuhr in einer von einem Kuli gezogenen Rikscha vor. Dr. Minsky hatte zwar einen Fiaker verlangt, aber er mußte darauf verzichten. Kein Pferd wäre für die Gage aufgetreten, die die Direktion geboten hatte. Außerdem hatte Minsky sich mit der Rikscha zufrieden erklärt. Der Kuli deutete die gelbe Gefahr an, vor der Europa schon damals durch Kaiser Wilhelm II. gewarnt worden war. Minsky hatte ausgedehnte Quellenstudien gemacht.
Danilo stieg aus und sang: »Heut' geh ich zu Maxim!«, der Vorhang hob sich, wir waren in der pontevedrinischen Gesandtschaft, wo Danilo die lustige Witwe kennenlernte, die aber noch keine Witwe war, da ihr Gatte, der alte Glawari, noch lebte und sich bester Gesundheit erfreute. »Die Rolle Glawaris habe *ich* hineingeschrieben«, flüsterte Minsky mir zu. Bisher hatte ich noch nichts gefunden, was *ich* geschrieben hatte. Glawari trat auf und entpuppte sich als Voyeur, der gegen eine Liebschaft seiner Frau mit Danilo nichts einzuwenden hatte. Ich dachte krampfhaft nach. Was konnte ich jetzt noch ändern? Am Abend war die Premiere. Und vielleicht wird es noch besser. Nichts wurde besser. Im Gegenteil. Hanna und Danilo beschlossen, den Alten umzubringen. Charmant sang Danilo: »Oh, kommet, kommet, kommt, ihr Ballsirenen — spritzet Gift in seine Venen!« Den Text hatte Minsky geändert. Im Original heißt es: »Lauscht den süßen Walzertönen!« Tänzerinnen, als böse Krankenschwestern gekleidet, traten auf und vergifteten den alten Glawari.
Der Vorhang fiel. Njegus, der als lustige Person bekannte Kanzlist der pontevedrinischen Gesandtschaft, trat vor den Vorhang. Er trug das Kostüm eines Shakespearschen Narren und sprach in Versen von Minsky. Er unterrichtete das Publikum von Glawaris Tod, was dem technischen Personal Gelegenheit bot, hinter dem Vorhang den Bühnenumbau vorzunehmen. Hanna gab nämlich aus An-

laß des Ablebens ihres Gatten in ihrem Haus in Paris ein großes pontevedrinisches Fest.
Und während sie das schöne Lied »Vilja, o Vilja« sang, verdunkelte Minsky die Bühne und beleuchtete eine im Hintergrund plötzlich auftauchende Kinoleinwand. Auf diese Kinoleinwand warf er Ausschnitte aus alten Wochenschauen. Man sah das österreichische Thronfolgerpaar und die Schüsse von Sarajevo, man sah Kaiser Franz Joseph und das berühmte Manifest »An meine Völker!«
»Was soll denn *das?*« fragte ich entsetzt.
»Es zeigt die Dekadenz der Gesellschaft«, klärte Minsky mich auf. »Während der Adel sich dem Tanz hingibt, bereitet sich im Hintergrund der Krieg vor.«
Er hatte recht. Schon explodierten die ersten Minen. Man hätte fast vergessen, bei der »Lustigen Witwe« zu sitzen, hätten Hanna und Danilo nicht während einer Kavallerieattacke »Dummer, dummer Reitersmann« gesungen. Der Film lief aus. Auf die Bühne kam Graf Homonay aus dem »Zigeunerbaron«.
»Finde ich originell«, sagte Minsky zufrieden. »Heutzutage muß man frech sein.« Ich fand es scheußlich, aber wer wagt es, einem Regisseur zu sagen, daß er ein Trottel ist?
Homonay sang das Werberlied. Der Kaiser brauchte Soldaten, mehr Soldaten, noch mehr Soldaten. Kinder meldeten sich als Freiwillige, darunter ein uneheliches, welches Valencienne — ansonsten die »anständige Frau« — mit ihrem Geliebten, Rosillon, gezeugt hatte. »Damit decke ich die Verlogenheit der Operette auf«, erklärte Minsky mir wieder.
Nun ging wieder der Film weiter. Revolution in Rußland, Waffenstillstand, Zusammenbruch der österreichisch-ungarischen Monarchie, Mussolini und Hitler erschienen, Zivilkrieg in Spanien, Zweiter Weltkrieg, Luftangriffe, Ruinen, Wiederaufbau, Hochzeit Mark Phillips mit Prinzessin Anne.
Dazu Gesang auf der Bühne: »Es waren zwei Königskinder ...«

Dritter Akt: Hanna und Danilo, alt geworden wie im Vorspiel. Sie haben ein erfülltes Leben hinter sich und ersticken nun an den Folgen der Umweltverschmutzung.
Ich wartete nicht, bis es hell wurde — ich lief davon.
Zu Hause erzählte ich meiner Frau, von dem, was ich gesehen hatte. Sie war gar nicht erstaunt. »Weißt du denn nicht«, fragte sie, »daß fast alle Regisseure die Stücke, die sie inszenieren sollen, bearbeiten? Auch wenn es sich um bereits bearbeitete oder neu bearbeitete Stücke handelt?«
Ich ging nicht zur Premiere. Ich saß im verdunkelten Zimmer und betete.
Am nächsten Morgen wagte ich es nicht, die Kritiken zu lesen. Natürlich las ich sie dann doch. Der Tenor der Rezensionen: progressiv ... heutig ... angriffslustig ... der Gesellschaft die Maske vom Gesicht gerissen ... nur so kann man Operette spielen ... unsere Welt ist nicht heil usw. usw.
Ich verstand nichts mehr. Nicht die Welt, nicht das Theater, nicht die Kritiker, nicht das Publikum. Das heißt, das Publikum verstand ich, als ich hörte, daß es nicht ins Theater ging. Es zeigte damit deutlich, daß es keine progressive, heutige, angriffslustige Operette wollte, in der der Gesellschaft die Maske vom Gesicht gerissen wird und in der man es in eine nicht heile Welt führt.
Ich schlug mich auf die Seite des Publikums. Ich wollte den Regisseuren klarmachen, daß ich weiß, was das Publikum von einer Operette verlangt. Wenn die Regisseure ändern wollen, sollen sie ändern. Ich hatte eine Idee.
Ich bekam von demselben Theater, das die »Lustige Witwe« aufgeführt hatte, den Auftrag, den »Graf von Luxemburg« zu bearbeiten. Ich bestand nur auf einer Bedingung: Inszenierung des Werkes durch Dr. Minsky, der so gerne Änderungen macht.
Ich begann: René, Graf von Luxemburg, hat sein ganzes Geld verjuxt. Als Bettler sitzt er in Paris vor der Kathedrale Notre-Dame. Angèle, die einst so gefeierte Sängerin, die ihn in einem schwachen Augenblick geheiratet hat, geht auf die Straße. Basil, ein polnischer Fürst, nimmt sie

als seine Freundin ins Bett. Dort ersticht sie ihn mit dem Schlüssel einer Sardinendose. Ehe er stirbt, singt er noch »Mädel klein, Mädel fein«, dann schließt er die Augen. Angèle raubt sein Geld, um es ihrem Gatten, dem Grafen, zu geben. Der Graf läßt sich vor allem einen Frack machen, weil er in dem zerlumpten Bettleranzug das Geld nicht verjuxen kann. Er singt: »So liri liri lari, das ganze Moos ging tschari!« Angèle überrascht ihn, als er eben ein Vermögen in die Menge streut, sie kauft eine Dose Sardinen, nimmt den Schlüssel und ersticht auch ihn. Beide singen: »Bist du's, lachendes Glück?«, dem Grafen brechen die Augen, Angèle bricht das Herz. Sie begeht Selbstmord. Aus.

Voller Erwartung ging ich zur Generalprobe, wurde von Dr. Minsky begrüßt und durfte neben ihm Platz nehmen. Ouvertüre — der Vorhang ging auf. Lustiger Faschingszug, René im Frack, Jubel, Trubel — meine Idee war gut gewesen. Minsky, in seiner Sucht zu ändern, hatte das Buch so von Grund auf umgearbeitet, daß meine Originalfassung herauskam. René war der tolle Graf, Basil der alte Fürst, der die junge Angèle heiraten wollte, was aus Standesrücksichten nicht möglich war. Er mußte Angèle erst zur Gräfin machen, was ihm durch ihre Scheinheirat mit René auch gelang. Natürlich verliebten Angèle und René sich ineinander usw. usw. Das war der »Graf von Luxemburg«, von mir ein bißchen geändert und entstaubt. Minsky war mit seiner Bearbeitung glücklich — ich gratulierte ihm dazu. Am Abend war die Premiere, am nächsten Tag konnte ich es kaum erwarten, die Pressestimmen zu lesen. Was las ich? Alt, verstaubt, heile Welt, Operette tot.

Ich hatte nur einen Trost: das Publikum ging hinein.

Die in dieser Geschichte vorkommenden Personen sind frei erfunden. Es handelt sich weder um heute lebende noch um bereits verstorbene Personen.

Sollte sich jemand mit dem Regisseur Dr. Minsky identifizieren, ist es seine eigene Schuld.

Es gibt Menschen, die für eine Idee sterben — und andere, die von einer Idee leben.
Mein Freund Joschi gehört zu den letzteren. Er hat einen ausgesprochenen

Ideengroßhandel

Haben Sie schon etwas von »Vorschußlorbeeren« gehört? Mein Freund Joschi lebt davon. Joschi hat die tollsten Einfälle. Er muß sie haben — er ist Schriftsteller. Joschi schreibt Theaterstücke, Filmmanuskripte, Fernsehspiele und Briefe an seinen Onkel. Um Geld. Diese Briefe gehören zu seinen Lieblingswerken. Leider haben wir eine schlechte Post. Joschi bekommt seit Monaten keine Antwort.

Aber irgendwie bewundere ich ihn. Er ist schöpferisch. Viele seiner Ideen wurden angenommen — keine ausgeführt. Das *ist* nämlich die Idee. Meist spielt es sich folgendermaßen ab:

Nehmen wir an, der ORF ruft bei ihm an: »Wir brauchen dringend ein Manus für einen Krimi, Sendedauer 75 Minuten. Haben Sie eine Idee?« Joschi lacht: »Eine? Einige. Ich komme sofort zu Ihnen.« Seine erste Idee ist, ein Taxi zu nehmen und zum ORF zu fahren. Das Taxi läßt er warten. Das ist die zweite Idee. Während er im Lift nach oben fährt, denkt er nach, was er dem Abteilungsleiter oder wer immer ihn empfangen wird, erzählen könnte. Dann steht er vor dem Allmächtigen, der nur so lange allmächtig ist, bis ein noch allmächtigerer aus seinem — des noch allmächtigeren — Büro kommt. Und schon beginnt Joschi den Krimi, der ihm während seiner Liftreise eingefallen ist, zu schildern:

»Elegante Villengegend einer westdeutschen Industriestadt. Villa von außen — Kamera fährt hinein —, wir kommen in ein blendend eingerichtetes Wohnzimmer mit alten Bildern an den Wänden, darunter einen Frans Hals. Sie wissen, was ein Frans Hals heute kostet. Ein echter Frans Hals kostet heute mindestens — —«

»Wir brauchen einen Krimi, Joschi«, unterbricht ihn der Abteilungsleiter, vorläufig noch ganz ruhig, »und keine Bilderpreise.«

»Ich weiß«, sagt Joschi und erzählt weiter: »Der Fußboden ist mit Perserteppichen bedeckt. Sie wissen, was ein echter Perser heute kostet. Ein echter Perser kostet heute mindestens — —«

idee
IDEE
IDEE
iDEE
Idee
iDEE

Wieder unterbricht ihn der Abteilungsleiter, diesmal schon etwas gereizt: »Wir brauchen einen Krimi, Joschi, keine Teppiche.«
»Der Teppich gehört dazu«, meint Joschi. Er braucht diese Unterbrechungen, um weiterdenken zu können. »Auf dem Teppich liegt ein totes Mädchen. Eine Unbekannte. Erwürgt. Niemand weiß, wie es ins Haus gekommen ist. Die Mordkommission ist bereits an der Arbeit. Inspektor Hastings vom Scotland Yard — —«
»Moment, Joschi!« fällt ihm der Abteilungsleiter ins Wort. »Wieso Scotland Yard? Sie sprachen von einer westdeutschen Industriestadt?«
»Stimmt!« meint Joschi. »Inspektor Hastings ist zufällig dort, und sein deutscher Kollege hat ihn gebeten, ihm bei der Lösung des Falles behilflich zu sein. Der erschossene Mann nämlich — —«
»Es war ein erwürgtes Mädchen!« sagt der Abteilungsleiter, sichtlich beherrscht. »Es lag im Wohnzimmer auf dem Teppich.«
»Im Wohnzimmer«, meint Joschi bedeutungsvoll. »Der erschossene Mann liegt in der Küche. Es ist der millionenschwere Industriekapitän Heinz Wolters, der Freund Evelyns. Evelyn — —«
»Moment!« Der Abteilungsleiter wird ungnädig. »Wer ist Evelyn?«
»Das tote Mädchen.«
»Das tote Mädchen war eine Unbekannte.«
»Bisher. Der Pariser Kommissar — —«
»Was für ein Pariser Kommissar?«
»Bodin.«
»Der Kommissar war von Scotland Yard und hieß Hastings!« Der Abteilungsleiter wird sehr ungnädig. »Er war zufällig in der westdeutschen Industriestadt, in der Ihr Film spielt. Wie kommt Kommissar Bodin dorthin?«
»Auch zufällig. Es findet dort eine Tagung der Kommissare statt. Bodin hat sofort die australische Malerin in Verdacht, weil er ein Gespräch zwischen ihr und dem Butler belauscht hat. Aber der Briefträger — —«

Die Geduld des Abteilungsleiters ist zu Ende. »Was für eine australische Malerin?« schreit er. »Was für ein Butler? Was für ein Briefträger? Ich kenne mich nicht mehr aus. Schreiben Sie mir das auf. Zwei Seiten genügen, mehr brauche ich nicht.«
Das ist Joschis großer Sieg. »Ich würde es gerne aufschreiben«, sagt er in diesem für ihn triumphalen Moment, »aber ich habe zur Zeit furchtbar viel zu tun. Wenn Sie mir einen kleinen Vorschuß geben würden . . .?«
Er bekommt eine Anweisung, geht zur Kassa, bezahlt das Taxi, der Abteilungsleiter ist froh, daß er ihn los ist, er wird Joschi nie mehr an den Krimi erinnern, Joschi hat wieder für einige Zeit zu leben, und ehe das Geld zu Ende ist, hat längst irgendeine Filmgesellschaft angerufen: »Wir brauchen einen Sexfilm. Haben Sie eine Idee?«
»Eine? Einige. Ich komme sofort zu Ihnen.«
Natürlich beginnt dieser Trick bekannt zu werden, und so muß Joschi öfters für einige Zeit verschwinden. Wenn wir ihn ein paar Monate nicht sehen, dann wissen wir, daß er mit seinen Ideen nach München, Hamburg oder sonstwohin gefahren ist.
Gestern kam er nach längerer Abwesenheit wieder einmal ins Kaffeehaus. Er sah müde und abgespannt aus.
»Ich bin überarbeitet«, sagte er und setzte sich zu mir. »Ich habe mich vollständig geändert. Mit dem ›Ideen erzählen‹ ist es aus. Eine Eierspeise von drei Eiern und ein Bier!« bestellte er bei dem Ober.
»Woran arbeitest du?« fragte ich. »Film? Fernsehen?« Er hatte mich neugierig gemacht.
»Fernsehen«, lächelte er matt. »Aber *was* für ein Fernsehen! Keine kleinen Fische mehr. Ich schreibe an der vielleicht sensationellsten Sendereihe, die es bisher gegeben hat. Einer Sendereihe, für die sich nicht nur der ORF und das ZDF, sondern auch Frankreich, Großbritannien und die USA interessieren. Ich habe nur noch eine kleine Schwierigkeit zu überwinden.«
»Und das Thema?«
»Ich zeige in 26 Folgen à 75 Minuten, daß es alles das,

was wir in der Schule gelernt haben — zumindest einen großen Teil davon — gar nicht gegeben hat.«
»Zum Beispiel?«
»Zum Beispiel das Paradies, samt Adam und Eva. Hätte es damals schon zwei so vollkommen schöne Menschen gegeben, wie Michelangelo sie für seine Sixtinische Kapelle gemalt hat, wäre der um Millionen Jahre später lebende Neandertaler nicht so ein mieser Vogel gewesen. Oder Esau und Jakob. Esau verkauft das Recht seiner Erstgeburt um ein Linsengericht. Hat es denn damals überhaupt schon Linsen gegeben?«
»Ich weiß es nicht«, gab ich etwas verschämt zu.
»Es hat keine gegeben.« Er mußte es wissen.
Der Ober brachte die Eier und das Bier. Joschi aß und trank mit großem Appetit. Er bestellte noch ein kleines Gulasch, einen Kaffee und eine Sachertorte.
»Weiter!« forderte ich ihn auf.
»Weiter!« wiederholte er und bestellte noch eine Sachertorte.
Dann wandte er sich wieder unserem Thema zu:
»Die Herrschaft der Römer, die Kultur der Griechen — alles Lüge.«
Ich konnte es nicht glauben. »Und Cäsar, Antonius und Kleopatra?« fragte ich.
»Sind drei von Shakespeare erfundene Figuren.«
Ich war glücklich. Shakespeare hat es wenigstens gegeben.
»Was ist mit Hannibal?«
»Hat nie existiert und ist deshalb auch niemals über die Alpen gezogen.«
»Aber Leonidas?« wagte ich zu hoffen. Leonidas war der Heldentraum meiner Mittelschuljahre. Wie er sich in der Schlacht bei den Thermopylen die feindlichen Speere in die Brust rannte, nur um den Gegner aufzuhalten — das sollte ihm einer nachmachen.
»Leonidas hat es auch nicht gegeben«, sagte Joschi düster.
Ich war so guter Laune gewesen, jetzt war sie verflogen. Auch Leonidas hat es nicht gegeben.
»Nicht Leonidas, nicht Varus, nicht Alexander.« Er mein-

te nicht Alexander, den Peter, sondern Alexander, den Großen.
»Und Nero?« fragte ich schüchtern. »Hat es den auch nicht gegeben?«
»Nein.«
»Aber Rom hat doch gebrannt.«
»Hast du es gesehen?« Ich mußte zugeben, daß ich es nicht gesehen hatte. Trotzdem wagte ich einen Einwand. »Die Historiker«, sagte ich.
Joschi lächelte mitleidig. »Historiker!« sagte er. »Mit den Historikern hör mir auf. Von zehn Zeugen, die ein und denselben Autounfall gesehen haben, wird jeder etwas anderes aussagen. Wie willst du bei Hunderten von Historikern, die das von ihnen geschilderte Ereignis *nicht* gesehen haben, wissen, was wahr ist?« Er hatte wieder recht.
Trotzdem erlaubte ich mir einen weiteren Einwurf. »Die Überlieferungen?«
»Waren die Zeitungen von damals«, antwortete er. »Bist du so dumm, daß du alles glaubst, was in den Zeitungen steht?«
Ich behauptete, nicht so dumm zu sein.
»Na also.«
»Aber«, fuhr ich fort, »weil du von Zeitungen sprichst, nimm die Buchdruckerkunst. Ich darf doch weiterhin annehmen, daß diese von Gutenberg erfunden wurde? Johannes Gutenberg, aus der Familie Gensfleisch?«
Joschi schüttelte den Kopf. »Gutenberg hat es nie gegeben. Die Erfinder waren ein Konsortium von neun Wissenschaftlern, die sich nach den Anfangsbuchstaben ihrer Namen Gloss, Uhland, Tannenberg, Ehrlich, Nordpol, Berger, Ebert, Rebert und Gebert nannten. Gutenberg war ein Pseudonym.«
»Und Dürer?«
»Eine Erfindung deutscher Kunsthändler.«
»Was ist mit Galilei?«
Joschi wurde ungeduldig. »Was soll mit ihm sein? Er soll gesagt haben: ›Sie bewegt sich doch!‹ Wer bewegt sich?

Die Erde, wirst du sagen. Wie soll Galilei das gesagt haben, wenn es ihn gar nicht gegeben hat?«
Also auch Galilei hat es nicht gegeben. »Was ist mit Hamlet?« fragte ich noch.
»Hamlet«, meinte Joschi geringschätzig. »Hamlet könnte es gegeben haben, wenn es Shakespeare gegeben hätte.«
Jetzt hatte ich ihn. »Du selbst hast vorhin gesagt, daß Cäsar, Antonius und Kleopatra drei von Shakespeare erfundene Figuren sind.«
»Damit meinte ich, daß es den *Namen* Shakespeare gegeben hat. Aber dieser Shakespeare war kein Dichter, sondern Hausdiener eines kleinen englischen Verlegers, dem der Name Shakespeare so gut gefiel, daß er sich sagte: ›Diesen Namen muß man berühmt machen.‹ Er setzte sich hin, schrieb ein paar Lustspiele und ein paar Königsdramen und gab sie unter dem Namen ›Shakespeare‹ heraus. Er machte damit Millionen.«
Ich war erschlagen von Joschis Wissen.
»Was du da behauptest«, gestand ich, »ist umwerfend. Aber hast du schon bedacht, Joschi, daß du das alles wirst beweisen müssen?«
Joschi sah mich an wie ein geprügelter Dobermann.
»Das ist die Schwierigkeit, die ich anfangs erwähnt habe.«
Seufzend erhob er sich und ließ mich allein.
Ich blickte ihm nach. Er tat mir leid. Eine solche Idee und zum Scheitern verurteilt.
»Zahlen!« rief ich. »Ich hatte einen kleinen Mokka — —«
»Drei Eier, ein Glas Bier, ein kleines Gulasch, einen Kaffee und zwei Sachertorten«, setzte der Ober fort. »Der Herr Joschi hat gesagt, daß er Ihr Gast war.«

Ob es *das* schon gegeben hat?

In den Wiener Restaurants kann man vorzüglich essen. Es gehören bloß drei Dinge dazu: Glück, Geld und Zeit.
Ich erfuhr das, als ich vor einigen Tagen ein solches Lokal besuchte.

»Wünschen der Herr zu speisen?«

Es gibt zwei Klassen von Menschen. Die eine hat Hunger, die andere Appetit. Ich hatte beides.
Ich hatte an diesem Tag um sieben Uhr morgens gefrühstückt, weil ich um neun im Atelier sein mußte. Jetzt war es 13 Uhr, ich hatte Pause. Zu Hause wollte ich nicht essen, dort gab es Rindfleisch mit Spinat, und das mag ich nicht. Meine Frau mag es auch nicht, es ist die Lieblingsspeise unserer Raumpflegerin. Ich ging also in das erstbeste Restaurant. Das heißt, in das erste. Ob es das beste war, konnte ich noch nicht sagen.
Ich trat ein, das Lokal war gut besucht, Menschen aßen, tranken, schwatzten, schmatzten. Bescheiden nahm ich an einem kleinen Tisch Platz, worauf ein dicker Ober auf mich zukam und mir sagte: »Setzen Sie sich woandershin, der Tisch ist reserviert.«
»Verzeihung«, entschuldigte ich mich, »aber das wußte ich nicht. Es steht nicht drauf.«
»Das macht nichts«, meinte der Ober, jetzt schon etwas energischer, »setzen Sie sich dorthin.« Er führte mich zu einem Tisch, auf dem »Reserviert« stand. »Wünschen zu speisen?« Ich sagte: »Ja.« Der Ober rief: »Julius, die Speisenkarte!« Ich blickte mich um, weit und breit kein Julius zu sehen. An seiner Stelle näherte sich eine dünne, sommersprossige Serviererin: »Zu trinken, bitte?« Ich sagte: »Später. Ich weiß noch nicht, was ich essen werde.« — »Hat der Herr noch keine Speisenkarte?« Freundlich sagte ich: »Nein.« Drauf rief sie: »Julius, die Speisenkarte!« Wer war Julius? Ich begann unruhig zu werden. Ein Herr in Zivil kam. Das war nicht Julius, das mußte der Chef sein. »Wünschen der Herr zu speisen?« fragte er mit einem aalglatten Lächeln. »Ja«, sagte ich, »aber ich bekomme keine Speisenkarte.« Der Blutdruck des Chefs begann zu steigen. »Sechs Kellner hat man«, stieß er wütend hervor, »und können nicht so einen lausigen Gast bedienen! Julius!« Julius schien auf Urlaub zu sein.
Jetzt kam wieder der Dicke. »Schon gewählt?« fragte er. Ich versuchte zu spaßen. »Bei den letzten Nationalratswahlen. Hier nicht. Ich bekomme keine Speisenkarte.« —

»Hat Ihnen der Chef keine gebracht?« fragte der Dicke in einem Der-kann-sich-auf-etwas-gefaßt-machen-Ton. »Nein«, sagte ich, worauf wir beide riefen: »Julius! Die Speisenkarte!« Julius kam nicht.

Kellner, Tablette mit herrlich riechenden Gerichten tragend, zwängten sich hinter mir durch, ließen mich die köstlichen Düfte von Champignonkoteletts, Filets Stroganoff, Selchfleisch mit Kraut und Knödeln einatmen und bekleckerten meinen Anzug mit Bratensaft.

Mein Hunger stieg ins Unermeßliche. Was hatte ich Julius getan, daß er nicht kommen wollte?

Am Nebentisch saß ein Ehepaar mit einem Rauhhaardackel. »Pscht!« machte die Frau, sooft er knurrte. Verständnislos sah sie der Dackel an. Er knurrte nicht. Was knurrte, war mein Magen. Eben wieder. »Pscht!« machte die Frau. Ich hatte einmal von einer Polarexpedition gelesen. Den rauhen Männern im hohen Norden war der Proviant ausgegangen, und so aßen sie ihre Stiefelsohlen. Das wollte ich mir aber als letzten Ausweg lassen. Um so mehr, als ich Schuhe mit Gummisohlen trug.

Die Sommersprossige kam: »Wissen Sie schon, was Sie trinken werden?« Ich sagte: »Ja.« Ich hatte beschlossen, meine Strategie zu ändern. Vielleicht konnte ich Julius mit einem Getränk auf dem Tisch anlocken. »Was haben Sie für einen Wein?« fragte ich mit einem Pokergesicht, das meine Absicht verschleiern sollte. Sie sagte: »Kremser, Veltliner, Grinzinger, Neuburger.« Ich bestellte: »Ein Viertel Neuburger.« — »Ferdinand!« rief sie. »Ein Viertel Neuburger!« Ferdinand? Ich stutzte. Wo war Julius? Hatte man ihn entlassen? Hatte er einen Unfall? War er erkrankt? Oder hatte der Dicke mich durchschaut und ebenfalls seinen strategischen Plan geändert? Ich begann mir Sorgen zu machen. Anscheinend wollte er mich aushungern.

Ferdinand hatte sich bereits in Bewegung gesetzt, um meinen Wein zu holen, war aber von dem Dicken aufgehalten worden. Beide sahen zuerst nach mir, dann nach der Uhr. Was hatte das wieder zu bedeuten?

Die Sommersprossige, offenbar zu meiner persönlichen Überwachung eingesetzt, stand neben mir. »Noch ein Viertel?« fragte sie. Ich hatte das erste noch nicht bekommen. Trotzdem sagte ich: »Ja.« Ich mußte sie bei guter Laune erhalten, vielleicht gelang es mir doch, mich, wenn auch nur vorübergehend, in den Besitz einer Speisenkarte zu setzen. Das Knurren meines Magens übertönte bereits das Geräusch der Ventilation. Der Dackel hatte sich schlafen gelegt, so daß sein Frauerl sich bei jedem Knurren nach mir umsah. Ich erwartete jeden Moment ein »Pscht!«.

Und Ferdinand war verschwunden. Wo war er? War er bei Julius? Dann würde ich ihn nicht mehr zu sehen bekommen. Aber ich hatte ihm unrecht getan. Da kam er eben und stellte mir ein Viertel Wein auf den Tisch. Ich sagte: »Ich habe ein zweites bestellt.« Drauf sagte Ferdinand: »Das *ist* das zweite.« Er drehte sich um, da hatte ich einen Einfall. Ich haßte mich selbst, aber es mußte sein. Ich faßte ihn am Zipfel seines Sakkos und hielt ihm meinen Kugelschreiber an den Rücken. »Das ist ein Überfall!« raunte ich ihm zu. »In meiner Hosentasche steckt eine Handgranate. Entweder Sie bringen eine Speisenkarte oder ich nehme sämtliche Gäste und die Belegschaft als Geiseln und sprenge das Lokal in die Luft! Und kein Wort — hörst du?« Das wirkte. Zitternd brachte Ferdinand mir eine Speisenkarte. Die Auswahl war groß, aber ich wollte etwas Fertiges, ich konnte nicht mehr warten. »Ein Gulasch!« forderte ich, wie andere ein Fluchtauto nebst 50 Millionen Schilling Lösegeld fordern. Ich sah ihn drohend an. Ferdinand versprach mir, es dem Kollegen zu sagen. Wer war der Kollege? Julius? Egal. Ferdinand war von jetzt an nur noch für mich da. Er brachte das zweite Glas Wein, auf das Gulasch hatte er keinen Einfluß. Er wollte mit dem Koch verhandeln. Wütend wie ich war, stürzte ich beide Gläser auf einen Zug hinunter. Da ich seit sieben Uhr morgens nichts gegessen hatte, war ich im Nu beschwipst. Das war gut so. Wenn ich beschwipst bin, sehe ich alles um mich herum schöner als schön. Die Som-

mersprossen der Serviererin begannen zu schwinden. Ihre zarte Figur setzte Kilos an und gerade an den richtigen Stellen. Sie kam mir bekannt vor. Natürlich — das war doch Senta Berger! Ich zwinkerte ihr zu, sie zwinkerte zurück. Ich hätte meinen Hunger vergessen, wenn nicht der Dicke auf mich zugekommen wäre. »Schon bestellt?« fragte er höhnisch. »Ja!« schrie ich wütend. »Ja! Ein Gulasch!« Er hatte ein beginnendes Liebesidyll zerstört. Senta sprach bereits mit einem andern Gast. Ich griff in die Tasche. Ferdinand hielt sich Augen und Ohren zu. Er erwartete, daß ich die Handgranate herausnehmen werde, aber ich suchte nur meinen Kugelschreiber. Ich wollte ihr — Senta — ein paar Zeilen schreiben.
Ich blickte nach der Tür. Ein Kellner trat ein, eine Figur, wie sie sich Hans Moser zu Lebzeiten zu spielen gewünscht hätte. Er trat auf mich zu. Mich durchzuckte es, ich wagte nicht zu hoffen. »Julius?« stammelte ich. »Ja«, sagte er. Das Mutterauge hatte ihn gleich erkannt.
»Haben der Herr schon bestellt?« fragte er. »Ja«, hauchte ich. »Ein Gulasch.« — »Sie sind das Gulasch?« Julius freute sich. »Ich soll Ihnen sagen, daß es schon aus ist.« Im selben Augenblick wurde ich nüchtern. Senta Berger verlor ihre Kilos wie bei einer Milch-und-Semmel-Kur, die Sommersprossen kamen zurück, sie war wieder die häßliche Serviererin von vorhin und ich der zornige junge Mann mit dem leeren Magen.
»Das sagen Sie mir jetzt?« schrie ich und faßte Julius vorne am Sakko, das einmal ein Smoking gewesen war. »Was können Sie mir bringen?« — »Nichts«, sagte Julius. »Die Küche hat soeben Schluß gemacht.« — »Sie müssen mir etwas bringen!« sagte ich drohend. »Hören Sie? Sie müssen!« Ferdinand, blaß, schlich sich aus dem Lokal.
Julius sah mich erschreckt an. »Ich werde sehen, ob ich den Koch noch erwische!«
Er erwischte ihn nicht.

Ich fuhr nach Hause, entschlossen, Rindfleisch mit Spinat zu essen. Es war keines mehr da.

Ich möchte keinem Klub beitreten, der Menschen wie mich als Mitglieder annimmt. (Groucho Marx)

Späte Erkenntnis

Joschi und ich gehören einem Herrenklub an. Einem Klub mit Statuten und Wahlen. Ein Jahr ist Joschi Präsident und ich bin Schriftführer, das nächste Jahr bin ich Präsident und er ist Schriftführer. Mitglieder haben wir keine. Nummer eins der Statuten: absolute Mitgliedssperre. Seine Spesen bestreitet der Klub aus freiwilligen Beiträgen, die von mir geleistet werden.

Gestern hatten wir Generalversammlung. Präsident Joschi hielt die Begrüßungsansprache. »Mein Herr!« sagte er, »es freut mich, daß Sie so zahlreich erschienen sind.« Er verlas die Aktivitäten des Klubs im vergangenen Jahr, ich entlastete einstimmig den Vorstand und übernahm die Präsidentschaft. Dann feierten wir das Ergebnis. Ich vergaß zu erwähnen: Feiern sind der Hauptzweck unseres Klubs.

Gestern mußten wir früher abbrechen, da meine Frau, die eine Fernsehaufzeichnung in München gehabt hatte, etwas nach 22 Uhr am Schwechater Flugplatz eintreffen sollte. Ich mußte sie unbedingt abholen. Es war bereits 21 Uhr 45, es regnete, ich war nicht motorisiert, ich mußte ein Taxi bekommen. Ich rief einen Funktaxiruf nach dem andern an, überall ersuchte mich eine freundliche Damenstimme, nur einen Augenblick Geduld zu haben, ich würde sofort bedient werden. Ich hatte Geduld, aber ich wurde nicht bedient. Es war 21 Uhr 50, als ich auch die Geduld verlor. Wütend warf ich den Hörer auf die Gabel, wodurch auf der andern Seite das Tonband riß. Egal, ich mußte so schnell wie möglich zu Fuß zum nächsten Standplatz kommen.

Ich stürzte auf die Straße. Es hatte aufgehört zu regnen und begonnen zu gießen. Aber es nützte nichts, ich mußte zum Flughafen. An der Ecke war immer ein Taxistandplatz gewesen. Ob es den noch gab? Es gab ihn, bloß Taxi gab es keines. Ich dachte mit Wehmut an meine Wohnung, in deren Vorzimmer mein Regenschirm stand. Was tun? Hier zu warten hatte keinen Zweck. Ich mußte zum nächsten Standplatz laufen. Dort stand — ich hatte es nicht für möglich gehalten — ein Taxi und wartete. Wartete auf mich. Ich sah es. Aber ich sah noch etwas. Von der anderen Seite, ungefähr in derselben Entfernung von dem Taxi wie ich, raste eine Dame auf das Fahrzeug zu. Ich bin als galanter Mann bekannt, aber in diesem Fall konnte ich keine Rücksicht nehmen. Kinoerlebnisse meiner frühesten Kindheit wurden in mir wach. Indianer und Trapper ritten auf ein brennendes Haus zu. Die Indianer wollten die Insassen des Hauses — eine brave Pionierfamilie, die höchstens einmal am Tag einen Indianer tötete — vernichten, die Trapper wollten sie retten. Ich war Old Shatterhand, der Führer der Trapper, die Dame »Großer Fuß«, der Häuptling der Komantschen. Mit langen Schritten kam »Großer Fuß« näher. Aber auch ich ließ meiner nicht spotten. Ich gab meinem edlen Hengst Hatatitla, den ich von meinem roten Bruder Winnetou zum Geschenk bekommen hatte, die Sporen und verdoppelte meine Geschwindigkeit. Wir kamen zur selben Zeit an, rissen jeder eine andere Tür auf und saßen plötzlich nebeneinander im Taxi.

»Zum Flugplatz!« rief ich dem Fahrer zu. »Zum Westbahnhof!« keuchte die Rothaut. Da unser Standort das Hotel Imperial war, waren das zwei ganz entgegengesetzte Richtungen. Das merkte auch der Fahrer, der sich langsam umdrehte und sagte: »I kann mi' net z'reißen!« Das konnte er wirklich nicht. »Ich muß zum Flughafen!« beharrte ich. »Meine Frau kommt an!«

»Und ich muß zur Bahn«, sagte die Dame mit Bestimmtheit, »mein Mann fährt ab!«

»Fragt sich, was wichtiger ist«, meinte ich. »Ankunft oder Abfahrt!«

»Für mich die Abfahrt!« sagte die Dame.

»Und für mich die Ankunft!« sagte ich.

»Machen Sie sich das aus«, meinte der Fahrer und stellte den Taxameter ein.

»Sie werden doch nicht haben wollen«, flehte ich die Dame an, »daß meine Frau denkt, daß ich sie wegen einer andern nicht abgeholt habe!«

»Und Sie werden nicht haben wollen«, sagte sie stur,

»daß mein Mann denkt, daß ich ihn wegen eines andern nicht zum Zug gebracht habe.«
»Ihr Mann ist mir egal!« sagte ich grob. Das hätte ich nicht tun sollen, weil ihre Antwort zu erwarten war.
»Ihre Frau ist mir schnuppe!« sagte sie auch prompt. »Außerdem ist mein Mann eifersüchtig. Er würde mir die Geschichte nicht glauben!«
»Gnädige Frau!« Ich schlug bittend die Hände zusammen. »Ich gebe Ihnen ein Entschuldigungsschreiben, damit Ihr Gatte sich von der Harmlosigkeit unserer Begegnung überzeugen kann.«
»Da müßten Sie mir schon ein Foto geben, damit er sieht, wie Sie ausschauen.«
Das war mir denn doch zuviel. Ich warf einen Blick auf die Uhr, in zehn Minuten mußte die Maschine ankommen. Es war ausgeschlossen, bis dahin den Flugplatz zu erreichen. Aber meine Rache wollte ich haben. Meine Old-Shatterhand-Gefühle wurden wieder wach. »Die böse Squaw«, sagte ich, »soll die Abfahrt des Stahlrosses versäumen, so wie Old Shatterhand die Ankunft des Silbernen Vogels versäumt hat.«
Die böse Squaw trat mich mit Wucht gegen das Schienbein.
»Uff, uff!« sagte ich. Draußen wartete bereits eine größere Menschenmenge auf ein Taxi.
»I hab a Idee!« sagte plötzlich der Taxifahrer, in dem anscheinend ebenfalls die Indianerromantik erwacht war. »Beide Herrschaften steigen aus, entfernen sich nach verschiedenen Richtungen — i pfeif — in dem Moment drehen Sie sich um — rennen auf das Taxi zu — und wer von Ihnen z'erscht da is — dem g'hört's.«
Ich begann zu verstehen. Ein Gottesurteil sollte entscheiden. Ich verließ mich auf den weisen Manitu. Da auch die Dame mit dem Vorschlag des Fahrers einverstanden war, stiegen wir aus, gingen ein paar Schritte in die Richtungen, aus denen wir gekommen waren, der Pfiff ertönte, wir machten eine schnelle Kehrtwendung, rannten auf das Taxi zu und konnten gerade noch sehen, wie

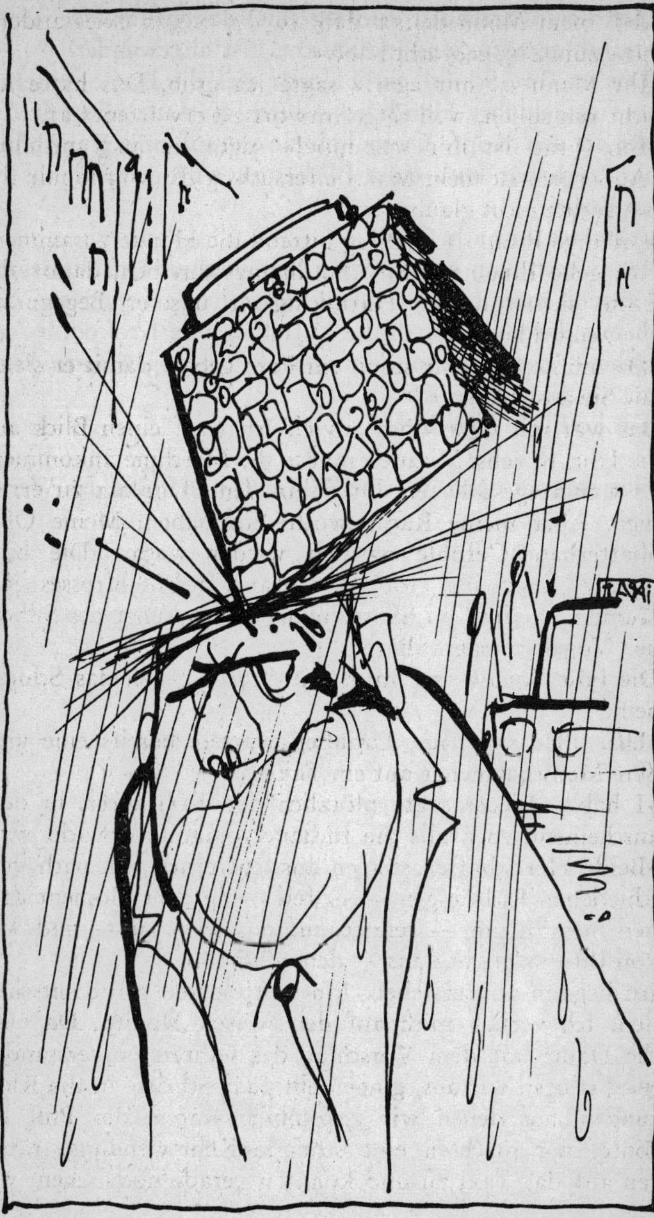

einer der Wartenden einstieg und davonfuhr. Der rote Taxifahrer hatte eine indianische List angewendet.
»Das ist Ihre Schuld, Sie Flegel!« rief die Dame wütend, warf gezielt ihre Handtasche durch die Luft und mir direkt an den Kopf. Dann hob sie sie auf und ging, ohne mich auch nur noch eines Blickes zu würdigen, hinaus in den Regen.
Ich starrte ihr nach.
Blut sickerte von meiner Stirn. Ich ging zur Unfallstation. Während man dort die kleine Platzwunde verarztete, die ich mir durch die durch die Luft fliegende Krokodilledertasche — denn eine solche war es — zugezogen hatte, kam mir die späte Erkenntnis:
»Krokodile fliegen doch!«

Finis coronat opus. Was heißt: Das Ende krönt das Werk.

Knaur

Humor

Der politische Witz in der DDR

Erik Florian (Hrsg.)

Humor als Gesinnungs- ventil

Originalausgabe

Band 2117 · 96 Seiten · ISBN 3-426-02117-X

Humor

Knaur Taschenbücher

Band 1
der in 4 Bänden
angelegten
Taschenbuchausgabe
der Anthologie
William Novak /
Moshe Waldoks
»Das große Buch des
jüdischen Humors«

Band 2132
112 Seiten
ISBN 3-426-02132-3

Der jüdische Witz kennt viele Nuancen, die ausgelassene Schelmerei und die talmudische Spitzfindigkeit, die Satire, aber auch das philosophisch Hintergündige. In diesem Buch ist von allem etwas zu finden, von den bedeutendsten Repräsentanten des jüdischen Humors: Fritz Muliar, der unvergleichliche Schweik-Darsteller, erzählt pointenreiche Witze und Anekdoten, Ephraim Kishon ist mit einer Satire vertreten, Philip Roth und Woody Allen mit tiefgründigen Erzählungen. Aus der Fülle der Schätze sei nicht zuletzt auf die Auswahl der weltberühmten Karikaturen von David Levine hingewiesen, die, neben anderen berühmten Cartoons und Bildwitzen, ebenfalls in diesem Band zu finden ist.